Bar à salades

Bar à salades

Sara Lewis

MODUS VIVENDI

L'édition originale de cet ouvrage est parue chez Parragon Books Ltd.,
sous le titre *Salad Days*.

LES PUBLICATIONS MODUS VIVENDI INC.
55, rue Jean-Talon Ouest
Montréal (Québec) H2R 2W8
CANADA

groupemodus.com

Président-directeur général : Marc G. Alain
Directrice éditoriale : Isabelle Jodoin
Auteure et styliste culinaire : Sara Lewis
Photographe : Haarala Hamilton
Infographiste : Gabrielle Lecomte
Traductrice et réviseure : Linda Nantel
Correctrice : Romy Snauwaert

ISBN : 978-2-89523-976-5

Dépôt légal – Bibliothèque et Archives nationales du Québec, 2017
Dépôt légal – Bibliothèque et Archives Canada, 2017

Gouvernement du Québec – Programme de crédit d'impôt
pour l'édition de livres – Gestion SODEC

Financé par le gouvernement du Canada

Canadä

Imprimé en Chine

Notes aux lecteurs
Dans ce livre, les quantités pour les cuillerées à café et à soupe sont
rases. Sauf indication contraire, utilisez des légumes de grosseur
moyenne et des œufs de gros calibre; les légumes-racines doivent être
pelés. Les ingrédients facultatifs ne sont pas inclus dans les valeurs
nutritionnelles.

Bar à salades

Nos mères préparaient souvent des salades toutes simples avec de la laitue, des tomates et des concombres. Nos voyages à l'étranger nous ont permis d'explorer de nouvelles traditions culinaires et de découvrir des ingrédients qui sont maintenant en vente dans nos supermarchés. Les salades permettent de combiner des textures variées : la délicatesse des feuilles de laitue, le croquant du céleri, des radis et des noix, ou encore la texture crémeuse du brie et de l'avocat.

Le secret d'une bonne alimentation

La variété est la clé d'une alimentation saine. Une plus grande consommation de fruits et de légumes nous donne meilleure mine et beaucoup d'énergie. Cette bonne habitude peut aussi contribuer à prévenir certains cancers et à réduire le risque de cardio-pathie, de diabète et de certains problèmes digestifs. Il est recommandé de manger au moins cinq portions de fruits et légumes par jour et de diminuer notre consommation de viande, de gras et d'aliments bourrés de sucre. Le fait d'ajouter plus de salades au menu nous rapproche assurément de cet objectif.

La plupart des ingrédients servant à la confection des salades sont servis crus ou légèrement cuits pour préserver le maximum de nutriments. Les aliments crus nécessitent une mastication plus longue que les aliments cuits et notre corps a besoin de plus de temps pour les digérer. Nous nous sentons ainsi rassasiés plus longtemps et sommes moins enclins à manger plus qu'il ne faut.

En utilisant des produits de saison, nous pouvons adopter un régime santé tout au long de l'année : des asperges à la fin du printemps, de la laitue en été, des courges en automne, des légumes-racines, du chou kale, des céréales et des légumineuses en hiver. Il n'est pas nécessaire non plus que les salades soient tou-jours froides. Il est si facile d'y intégrer des céréales chaudes, des légumes grillés, des crevettes sautées ou des lanières de bifteck saisies dans la poêle. Pendant l'hiver, on peut rehausser les vinaigrettes grâce à des ingrédients réconfortants comme l'ail, le gingembre ou les épices.

La préparation des légumes-feuilles

Les légumes-feuilles sont délicats. On doit les laver, et ce, même s'ils ont été prélavés dans un bain d'eau chlorée avant d'être mis en sac. Séparez les feuilles, mettez-les dans un évier rempli d'eau froide et agitez-les pour éliminer la saleté. Égouttez-les, puis épongez-les avec un linge propre ou passez-les à l'essoreuse à salade. Les feuilles inutilisées doivent être rangées dans une boîte ou un sac de plastique gardé dans le bac du réfrigérateur. Attendez à la dernière minute pour ajouter la vinaigrette, sinon elles ramolliront en un rien de temps.

Les légumes-feuilles

On trouve maintenant une immense variété de légumes-feuilles au supermarché. On peut aussi en faire pousser chez soi dans une plate-bande, un pot de fleurs ou une boîte placée sur le rebord d'une fenêtre. Roquette, mizuna et jeunes pousses de bette à carde y croissent facilement. Il ne faut que six semaines d'attente avant de pouvoir savourer les premières feuilles.

Bette à carde — On aime ses feuilles vertes veinées de rouge et ses tiges rouges semblables à celles de la rhubarbe. La variété rouge rubis a des feuilles et des tiges rouge foncé. Essayez aussi les petites pousses de feuilles de bette à carde ou de betterave.

Chicorée frisée — Ses feuilles, pointues et dentelées, sont un peu amères. On peut les servir seules en salade ou les mélanger avec d'autres légumes-feuilles.

Cresson — Il existe plusieurs variétés de cresson dont le cresson de fontaine, le cresson de jardin et le cresson alénois. Ses feuilles rondes, semblables à des pétales, ont un goût moutardé agréablement poivré.

Endive — Ses feuilles, allongées et serrées, sont amères. Leurs pointes sont vert pâle ou rouges.

Épinard — Ses feuilles, croquantes et un peu amères, se marient bien avec d'autres légumes-feuilles à la saveur plus délicate.

Feuille de moutarde — On reconnaît leurs jeunes feuilles de forme allongée à leur pourtour violet.

Iceberg — Cette grosse laitue croquante aux feuilles très serrées se conserve bien au réfrigérateur.

Laitue beurre — Le cœur de cette laitue ronde et tendre est vert pâle. On la consomme le jour même de son achat, car elle ne se conserve pas très bien.

Laitue Boston — Cette petite laitue beurre présente des feuilles souples et non serrées pleines de saveur.

Laitues tachetées de rouge — Elles regroupent entre autres la scarole un peu amère, la lollo rosso aux feuilles bouclées, douces et tendres, ainsi que la laitue feuille de chêne.

Mâche — Elle est si tendre qu'on l'appelle également «doucette», «laitue d'agneau» ou «oreille-de-lièvre». Déposez-en de petites touffes sur une salade de maïs.

Mizuna — Ses feuilles, semblables à celles du pissenlit, ont un goût poivré délicat.

Pissenlit — On peut cueillir les jeunes feuilles foncées dans les arrière-cours exemptes de produits chimiques. Il faut les laver avec soin avant de les consommer. Elles sont meilleures au printemps et on doit faire cuire les feuilles plus vieilles.

Pousses de petits pois — Leurs vrilles délicates et tendres font une superbe garniture.

Radicchio — Cette variété de chicorée amère à feuilles pourpres gagne à être mélangée avec d'autres légumes-feuilles au goût moins prononcé.

Romaine — Ses feuilles sont longues, vert foncé, et plus pâles près du cœur. On l'utilise notamment pour faire la salade César.

Roquette — Ses petites feuilles dentelées ont un goût piquant légèrement poivré.

Un vaste choix d'ingrédients

Fruits et légumes énergisants — Riches en glucides de digestion lente, ils fournissent une énergie de longue durée ainsi que des fibres insolubles et solubles qui aident à réguler la glycémie (concentration de glucose dans le sang).

Bonnes sources de protéines — On peut faire une salade protéinée en y ajoutant des crevettes sautées ou un peu de bifteck, poulet, dinde, saumon ou autre poisson grillé. Sinon, on met du tofu, du fromage feta, des dés de brie ou des copeaux de parmesan. Nous consommons plus de protéines que nous n'en avons réellement besoin, mais en utilisant ces ingrédients en lanières, en filaments ou en dés, on comble facilement nos besoins tout en servant de plus petites portions sans que personne ne le remarque. On ne devrait pas manger de portion de viande rouge de plus de 125 g (4 oz).

Plus de vitamines — Pour augmenter votre apport en bêtacarotène, optez pour les melons à chair orangée, citrouilles, carottes, papayes, mangues, légumes-feuilles vert foncé, poivrons rouges et tomates. Poivrons, légumes-feuilles verts, chou kale, brocoli, agrumes, petits fruits, mangues et papayes sont quant à eux de bonnes sources de vitamine C.

Noix et graines riches en minéraux — Elles renferment : vitamine E, fer, zinc, magnésium, protéines et fibres. Certaines graines, comme celles de lin, procurent des acides gras oméga-3. Les noix (sauf la noix de coco) sont riches en acides gras monoinsaturés, tandis que les graines ont une teneur élevée en acides gras polyinsaturés. Ce sont tous de bons gras qui, malgré leur importante valeur calorique, permettent de profiter d'une énergie de longue durée.

Céréales entières — Elles sont toutes bien pourvues en protéines, en glucides de digestion lente et en un large éventail de vitamines et de minéraux. Elles sont aussi riches en fibres solubles qui aident à réduire le cholestérol et en fibres insolubles favorables à une bonne digestion. Le quinoa (pseudo-céréale) a la particularité de contenir tous les acides aminés essentiels. Contrairement aux protéines d'origine animale, la plupart des céréales doivent être consommées en même temps qu'une autre source de protéines.

Le secret d'une bonne vinaigrette

La vinaigrette classique est composée de trois parts d'huile et d'une part de vinaigre. On y ajoute un peu de sel et de poivre, et un assaisonnement au choix. Ces quantités peuvent être modifiées selon l'acidité du vinaigre ou encore le goût ou l'intensité de l'huile.

Mélangez le vinaigre au fouet en y ajoutant un émulsifiant, par exemple 1 c. à café de moutarde de Dijon ou de miel, ou un peu d'échalote hachée. Incorporez ensuite l'huile goutte à goutte en mélangeant au fouet jusqu'à ce que la texture soit lisse et épaisse et que l'émulsion soit crémeuse. Si la vinaigrette est trop claire ou se sépare, recommencez en déposant dans un petit bol propre 1 c. à café de moutarde ou 1 c. à soupe de crème riche en matière grasse ou de yogourt nature. Incorporez lentement la vinaigrette «ratée» en la mélangeant au fouet jusqu'à ce qu'elle devienne lisse.

Assaisonnez la vinaigrette avec un peu d'estragon, de ciboulette ou de persil frais haché, ou encore de l'ail. Ajoutez-y une note asiatique avec un trait de sauce soya et un peu de gingembre haché. Si vous aimez le goût piquant, optez pour du piment rouge épépiné et haché finement, quelques gouttes de tabasco ou de sauce Worcestershire, voire un peu de cognac. Utilisez aussi des graines de coriandre, de cumin ou de fenouil grillées, un soupçon de pâte de tomates ou des fines herbes hachées, par exemple des feuilles de menthe ou de coriandre.

Bien choisir son huile

Optez pour une huile d'olive vierge extra de couleur vert foncé ou encore une huile vierge ou légère. Les huiles d'olive crues sont une bonne source de vitamine E, de flavonoïdes et d'acides gras monoinsaturés. On dit qu'elles n'augmentent pas les taux de cholestérol sanguin et qu'elles aideraient même à les réduire.

Les huiles de noix et de noisette sont souvent assez chères. Il est préférable de les mélanger à parts égales avec une huile plus douce. L'huile de sésame composée de graines de sésame grillées et broyées offre un goût de fumé puissant qui convient surtout aux salades d'inspiration asiatique.

Essayez aussi les huiles de lin et de chanvre. Comme c'est le cas pour l'huile d'olive, elles sont extraites en utilisant un minimum de chaleur. Certaines sont obtenues par pression à froid, une méthode qui préserve mieux leurs acides gras essentiels et leurs phytochimiques. La plupart sont produites sans l'aide d'herbicides, de pesticides, d'agents de blanchiment ni de désodorisation.

L'huile de chanvre est naturellement riche en acides gras oméga-3. Une cuillerée à soupe contient presque 100 % de l'apport journalier recommandé aux adultes. On croit qu'elle contribuerait à la santé des cheveux, de la peau, du système immunitaire et des articulations en plus d'avoir des propriétés anti-inflammatoires.

L'huile de son de riz est aussi bonne pour la santé et on apprécie sa saveur douce. Elle est riche en vitamine E et peut servir à la cuisson. Les huiles de carthame et de tournesol sont riches en acides gras oméga-6, mais comme l'huile de pépins de raisin et les mélanges d'huiles végétales, elles auraient subi une transformation plus importante que les autres huiles. Conservez les huiles de noix et de graines dans un lieu frais, à l'abri de la lumière, de préférence au réfrigérateur une fois la bouteille ouverte. Achetez-les en petites quantités.

Bien choisir son vinaigre

Procurez-vous du vinaigre de vin rouge ou blanc, du vinaigre de cidre ou de xérès, ou encore du vinaigre balsamique. Le vinaigre de xérès est plus léger que le balsamique. Le véritable vinaigre balsamique est un produit artisanal fabriqué à Modène, en Italie. On l'obtient en faisant fermenter du jus de raisin pendant plusieurs années dans des fûts en bois. Il est doux, acidulé et velouté.

Vinaigrette vite faite

Pour vous faciliter la tâche, mettez 1 c. à soupe de vinaigre de vin blanc ou rouge et 3 c. à soupe d'huile d'olive dans un bocal muni d'un couvercle. Ajoutez 1 c. à café de moutarde de Dijon, 1 c. à café de miel, du sel et du poivre. Vissez bien le couvercle et secouez vigoureusement. Plus vous secouerez le bocal et plus vous aurez une belle émulsion. Sa texture ne sera pas aussi épaisse que lorsqu'on prend le temps de verser l'huile en filet, mais son goût sera toujours aussi délicieux.

Vinaigrette classique — On peut incorporer au mélange d'huile et de vinaigre un peu de moutarde de Dijon ou de moutarde à l'ancienne, de l'échalote ou des herbes fraîches hachées, et parfois un peu de miel. Mélangez tous les ingrédients au fouet et ajoutez l'huile peu à peu pour obtenir une émulsion stable.

Vinaigrettes santé et pauvres en matière grasse — Les sauces à salades contenant de la mayonnaise, de la crème sure ou du fromage bleu sont riches en calories. Pour réduire leur teneur en matière grasse, mélangez-les à part égales avec du yogourt nature. Pour faire une sauce à basses calories, mélangez du yogourt écrémé avec de l'ail haché finement, des fines herbes ciselées et du poivre concassé ou des épices moulues et saupoudrez le tout d'édulcorant. Pour une vinaigrette légère bien pourvue en vitamine C, utilisez du jus de lime, d'orange ou de citron frais que vous assaisonnerez au goût. L'ajout de graines de lin augmente la valeur nutritive des vinaigrettes.

Vinaigrettes sans produits laitiers — Mélangez du jus d'orange ou de citron avec un peu de moutarde de Dijon et de vinaigre balsamique. Ou mélangez du jus de lime avec de la sauce soya et du gingembre frais finement râpé. Essayez tour à tour les huiles de tournesol, d'olive, de noix et de graines, ainsi que les vinaigres de xérès et ceux à base de vin blanc ou rouge pour découvrir quels sont vos préférés.

Vinaigrette classique

Vinaigrettes sans produits laitiers

Vinaigrettes
santé

Vinaigrettes
pauvres en matière
grasse

Fraîcheur

Salade de melons au prosciutto et au pecorino

Par portion : 328 calories

Lipides : 21,3 g • Gras saturés : 5,2 g • Protéines : 17,2 g • Glucides : 22,7 g • Fibres : 2,2 g

Cette salade se déguste sans culpabilité, car les melons contiennent peu de calories. Le goût salé du prosciutto et du pecorino se marie bien avec la fraîcheur des melons.

4 portions

* ⅛ melon d'eau, pelé, épépiné et coupé en tranches fines
* ½ melon miel et ½ melon cantaloup, pelés, épépinés et coupés en tranches fines
* 150 g (5 oz) de prosciutto, en tranches
* 30 g (⅓ tasse) de copeaux de pecorino
* 25 g (⅔ tasse) de basilic frais

Vinaigrette

* 60 ml (¼ tasse) d'huile d'olive légère
* 60 ml (¼ tasse) de vinaigre de xérès vieilli
* Sel et poivre

Préparation

Disposer tous les melons dans une grande assiette. Plier les tranches de prosciutto et les disposer sur les melons et tout autour.

Verser l'huile d'olive et le vinaigre dans un bocal muni d'un couvercle. Saler et poivrer généreusement. Fermer avec soin et secouer vigoureusement. Verser sur la salade.

Parsemer la salade de pecorino et de basilic. Servir immédiatement.

Capsule santé

Les melons ne contiennent que de 19 à 31 calories par 100 g (environ ⅔ tasse) de chair. Plus celle-ci est orangée et plus elle renferme de bêtacarotène, un pigment qui agit de concert avec les vitamines C et E et les minéraux pour protéger nos cellules contre les méfaits des radicaux libres dus à la pollution, aux résidus de pesticides, à la fumée et au stress.

Salade de bœuf rafraîchissante

Par portion : 352 calories
Lipides : 20 g • Gras saturés : 3,5 g • Protéines : 31,6 g • Glucides : 15 g • Fibres : 2,9 g

Cette salade d'inspiration thaïlandaise requiert que l'on coupe la viande
en lanières très fines comme le veut la tradition asiatique.

4 portions

* ½ laitue iceberg, déchiquetée
* 210 g (1 ¾ tasse) de radis,
  en tranches fines
* 4 échalotes, en tranches fines
* 90 g (1 ¼ tasse) de chou kale,
  en filaments
* 2 c. à soupe de baies de goji
  séchées
* 40 g (½ tasse) de menthe fraîche,
  hachée grossièrement
* 10 g (½ tasse) de coriandre
  fraîche, hachée grossièrement
* 2 biftecks de filet de 250 g (8 oz)
  chacun (enlever le gras visible)
* 4 c. à soupe d'huile de tournesol
* Le jus de 1 lime
* 1 c. à soupe de sauce soya
* Sel et poivre

Préparation

Dans un grand bol, déposer la laitue, les radis et les échalotes. Ajouter le chou, les baies de goji, la menthe et la coriandre, puis remuer délicatement.

Chauffer une poêle à fond cannelé à feu vif. Badigeonner les biftecks de 1 c. à soupe d'huile de tournesol. Saler et poivrer légèrement. Cuire 2 minutes de chaque côté (mi-saignant), 3 minutes de chaque côté (à point) ou 4 minutes de chaque côté (bien cuit). Réserver dans une assiette.

Entre-temps, verser le jus de lime, la sauce soya et le reste de l'huile dans un bocal muni d'un couvercle. Fermer avec soin et secouer vigoureusement. Verser sur la salade et remuer.

Dresser la salade dans des bols. Couper la viande en lanières fines et les disposer sur le dessus. Servir immédiatement.

Capsule santé

La menthe rafraîchit le palais.
Elle renferme beaucoup de
chlorophylle, d'antioxydants et
d'huiles essentielles (menthol,
menthone et acétate de menthyle).
On dit qu'elle atténue les symptômes
du syndrome du côlon irritable en
réduisant le ballonnement et
l'inconfort abdominal.

Salade de dinde aux légumes

Par portion : 302 calories
Lipides : 15,2 g • Gras saturés : 1,8 g • Protéines : 29,2 g • Glucides : 14 g • Fibres : 1,8 g

Le tamarin donne à cette salade un goût aigre et astringent qui fait contrepoids au goût sucré du jus d'orange et du sirop d'érable. La vinaigrette acidulée fait double emploi puisqu'on en utilise une partie pour la cuisson de la dinde.

4 portions

* ¼ c. à soupe d'huile de tournesol
* 500 g (1 lb) de tranches de poitrine de dinde crue, en petits dés
* ½ laitue iceberg (séparer et déchiqueter les feuilles)
* ½ endive (séparer les feuilles)
* 90 g (1 ¼ tasse) de chou kale, en filaments
* 165 g (1 ⅓ tasse) de concombre, en dés
* ½ petit oignon rouge, en tranches
* Zeste d'orange, en lanières

Vinaigrette

* 2 c. à café de pâte de tamarin (enlever les graines)
* Le zeste râpé finement et le jus de 1 orange
* 1 morceau de gingembre de 2 cm (¾ po), pelé et râpé finement
* 2 gousses d'ail, hachées finement
* 4 c. à café de sirop d'érable
* Sel et poivre

Préparation

Vinaigrette : dans un petit bol, bien mélanger tous les ingrédients.

Dans une grande poêle, à feu moyen-vif, chauffer 2 c. à soupe d'huile de tournesol. Cuire la dinde 5 minutes ou jusqu'à ce qu'elle soit dorée. Couper un dé en deux pour s'assurer que la chair n'est plus rosée et que les jus sont clairs et très chauds. Ajouter la moitié de la vinaigrette et cuire de 2 à 3 minutes ou jusqu'à ce que la volaille soit bien lustrée. Réserver dans une assiette.

Dans un grand bol, déposer la laitue, l'endive et le chou. Parsemer de concombre et d'oignon.

Incorporer le reste de l'huile au reste de la vinaigrette. Verser sur la salade et remuer délicatement. Servir dans des bols et disposer la dinde chaude sur le dessus. Garnir de zeste d'orange et servir.

Capsule santé

Une consommation abondante de fruits et de légumes peut nous protéger contre les maladies du cœur et réduire jusqu'à 30 % notre risque de faire un accident vasculaire cérébral.

Salade de chou au poulet et aux fruits

Par portion : 229 calories

Lipides : 8,4 g • Gras saturés : 1 g • Protéines : 21,6 g • Glucides : 18,6 g • Fibres : 4 g

Le chou vert et le chou kale augmentent considérablement
la valeur nutritive de cette belle salade.

4 portions

* 2 c. à soupe d'huile de tournesol
* 250 g (8 oz) de poitrines de poulet désossées et sans peau, en tranches
* ¼ c. à café de flocons de piment
* 1 pamplemousse rose, pelé à vif, puis coupé en segments (réserver la membrane)
* 1 orange, pelée à vif, puis coupée en segments (réserver la membrane)
* La chair de 1 petite mangue, coupée en dés
* 175 g (2 ⅓ tasses) de chou vert, en filaments
* 50 g (¾ tasse) de chou kale, en filaments
* Sel et poivre

Vinaigrette
* Le jus de 1 lime
* 1 c. à café de moutarde de Dijon
* 1 morceau de gingembre de 2 cm (¾ po), pelé et râpé finement

Préparation

Dans une poêle, à feu moyen-vif, chauffer 1 c. à soupe d'huile de tournesol. Ajouter le poulet, saupoudrer de piment, puis saler et poivrer légèrement. Faire dorer de 8 à 10 minutes en le retournant une ou deux fois. Couper une tranche en deux pour s'assurer que la chair n'est plus rosée et que les jus sont clairs et très chauds. Réserver dans une assiette.

Dans un grand bol, mélanger les segments de pamplemousse et d'orange, la mangue, le chou vert et le chou kale.

Dans un bocal muni d'un couvercle, presser le jus des membranes d'agrumes réservées. Ajouter le jus de lime, la moutarde, le gingembre et le reste de l'huile. Saler et poivrer au goût. Fermer avec soin et secouer vigoureusement. Verser sur la salade et remuer délicatement. Dresser la salade dans des bols et garnir de poulet coupé en lanières fines.

Salade de bar grillé aux agrumes

Cette salade légère est remplie de vitamines et de minéraux. Sa teneur en protéines procure une bonne dose d'énergie.

4 portions

* 90 g (3 tasses) d'épinards
* 90 g (1 ½ tasse) de mâche
* 60 g (1 ½ tasse) de feuilles de bette à carde rouge
* 2 pamplemousses roses, pelés à vif, puis coupés en segments (réserver la membrane)
* 1 orange, pelée à vif, puis coupée en segments (réserver la membrane)
* 4 filets de bar commun
* Le zeste râpé finement et le jus de 1 lime
* 3 c. à soupe d'huile d'olive
* 1 c. à café de miel
* Sel et poivre
* 2 c. à soupe de coriandre fraîche, hachée finement

Préparation

Dans un grand bol, déposer les épinards, la mâche et la bette à carde. Ajouter les segments de pamplemousse et d'orange. Dans un bocal muni d'un couvercle, presser le jus des membranes d'agrumes et réserver.

Préchauffer le gril du four et tapisser une lèchefrite de papier d'aluminium. Disposer le poisson, chair vers le haut. Parsemer de zeste et arroser de jus de lime. Saler et poivrer au goût. Retourner le poisson, saler et poivrer, puis arroser de 1 c. à soupe d'huile d'olive. Cuire au four de 6 à 8 minutes, en retournant à mi-cuisson, jusqu'à ce que la peau soit dorée et que la chair soit opaque et se défasse facilement à la fourchette.

Verser le reste de l'huile et le miel dans le bocal contenant le jus des membranes d'agrumes. Saler et poivrer. Fermer avec soin et remuer vigoureusement. Verser sur la salade et remuer délicatement. Servir dans des assiettes.

Défaire le poisson en petits morceaux et les répartir dans les assiettes. Garnir de coriandre et arroser des jus de cuisson. Servir immédiatement.

Par portion : 260 calories
Lipides : 6,7 g • Gras saturés : 1,2 g • Protéines : 30 g • Glucides : 20,7 g • Fibres : 3,5 g

Les agrumes

Oranges, kumquats, citrons, limes, pamplemousses, tangerines, pomélos et autres hybrides du genre Citrus font partie des agrumes. Remarquables pour leurs belles couleurs vives, ils figurent parmi les fruits les mieux pourvus en vitamine C. Une orange moyenne ou grosse fournit le double de l'apport journalier recommandé en vitamine C. Celle-ci est essentielle à l'absorption du fer, un atout particulièrement important si l'on consomme peu de viande. La vitamine C peut renforcer le système immunitaire et nous aider à lutter contre l'infection. On croit qu'elle pourrait aussi être utile en cas d'inflammation de la muqueuse nasale en atténuant les symptômes du rhume, du catarrhe, de la rhinite allergique saisonnière, voire du rhumatisme. Un apport élevé en vitamine C pourrait réduire jusqu'à 40 % le risque de maladie coronarienne en plus de retarder le vieillissement de la peau. Le pamplemousse rose et les oranges sanguines renferment des quantités significatives de bêtacarotène, tandis que les citrons contiennent du limonène, un phytochimique qui contribuerait à nous protéger contre le cancer.

Salade gourmet de fruits de mer

Par portion : 272 calories
Lipides : 15,7 g • Gras saturés : 2,3 g • Protéines : 22 g • Glucides : 10,2 g • Fibres : 0,5 g

Les fruits de mer sont aussi rafraîchissants que l'air salin. Heureusement,
il n'est pas nécessaire de se rendre au bord de la mer pour les savourer.

4 portions

* 250 g (8 oz) de moules fraîches,
  brossées et ébarbées
* 340 g (12 oz) de pétoncles frais,
  nettoyés
* 250 g (8 oz) de calmars (couper
  le corps en rondelles et réserver
  les tentacules)
* 1 oignon rouge, en tranches fines
* 1 citron, en quartiers
* 1 c. à soupe de persil plat frais,
  haché finement

Vinaigrette

* 60 ml (¼ tasse) d'huile d'olive
  extra vierge
* 2 c. à soupe de vinaigre
  de vin blanc
* 1 c. à soupe de jus de citron
* 1 gousse d'ail, hachée finement
* 1 c. à soupe de persil plat frais,
  haché finement
* Sel et poivre

Préparation

Jeter les moules dont la coquille est cassée ou entrouverte
de même que celles qui ne se ferment pas quand on tape
dessus. Déposer les bonnes moules dans une grande
casserole et ajouter un peu d'eau. Couvrir et cuire à feu
vif de 3 à 4 minutes ou jusqu'à ce que les coquilles soient
ouvertes, en secouant la casserole de temps à autre. Jeter
celles qui restent fermées. Égoutter en réservant le liquide
de cuisson. Rincer à l'eau froide, égoutter et réserver.

Remettre le liquide de cuisson réservé dans la casserole
et porter à ébullition. Ajouter les pétoncles et les calmars
(rondelles et tentacules). Cuire 3 minutes, retirer du feu et
égoutter. Rincer à l'eau froide, égoutter et réserver.

Décoquiller les moules et les déposer dans un bol. Ajouter
les pétoncles et les calmars, puis laisser refroidir. Couvrir
de pellicule plastique et réfrigérer 45 minutes. Disposer
dans des bols, ajouter des tranches d'oignon et remuer
délicatement.

Mettre tous les ingrédients de la vinaigrette dans un
bocal muni d'un couvercle. Fermer avec soin et secouer
vigoureusement. Verser sur la salade et garnir de persil.
Accompagner de quartiers de citron et servir.

Capsule santé

Les fruits de mer sont généralement riches en protéines,
en vitamines et en minéraux et contiennent peu de
calories. Les crustacés sont une bonne source de
sélénium et de zinc, des oligo-éléments qui agissent
de concert avec la vitamine E pour assurer à notre
organisme une bonne croissance et une fertilité normale.

Salade de cresson aux calmars

Par portion : 506 calories

Lipides : 37,7 g • Gras saturés : 5,5 g • Protéines : 29,2 g • Glucides : 13 g • Fibres : 1,2 g

Cette salade renferme tout ce qu'il faut pour stimuler et rafraîchir vos papilles. Le cresson et l'épinard ont une bonne teneur en fer.

4 portions

* 750 g (1 ½ lb) de calmars nettoyés et préparés, coupés en tubes et en tentacules
* 3 c. à soupe d'huile d'olive
* 1 piment rouge, épépiné et coupé en tranches fines
* 2 oignons verts, hachés finement
* 1 trait de jus de citron
* 120 g (3 tasses) de cresson
* 75 g (2 ½ tasses) de jeunes épinards
* Quartiers de citron
* Sel et poivre

Vinaigrette

* 125 ml (½ tasse) d'huile d'olive
* Le jus de 1 lime
* 1 c. à café de miel
* 2 échalotes, en tranches fines
* 1 tomate, pelée, épépinée et hachée finement
* 1 gousse d'ail, broyée

Préparation

Bien mélanger tous les ingrédients de la vinaigrette dans un petit bol. Saler et poivrer au goût. Couvrir et réfrigérer.

Couper les tubes de calmars en morceaux de 5 cm (2 po). À l'aide d'un couteau bien affûté, inciser légèrement la chair en formant des losanges. Dans une grande poêle, à feu vif, chauffer l'huile d'olive et cuire les calmars (morceaux et tentacules) 1 minute. Ajouter le piment et les oignons verts et cuire 1 minute. Saler et poivrer généreusement, puis arroser d'un bon trait de jus de citron.

Dans un grand bol, déposer le cresson et les épinards. Ajouter les calmars, arroser légèrement de vinaigrette et remuer délicatement. Accompagner de quartiers de citron.

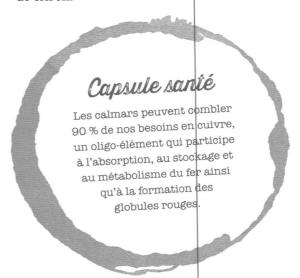

Capsule santé

Les calmars peuvent combler 90 % de nos besoins en cuivre, un oligo-élément qui participe à l'absorption, au stockage et au métabolisme du fer ainsi qu'à la formation des globules rouges.

Salade de melon d'eau et de roquette au fromage de chèvre

Par portion : 207 calories

Lipides : 11 g • Gras saturés : 7,1 g • Protéines : 11 g • Glucides : 19,4 g • Fibres : 1,8 g

La texture crémeuse du fromage de chèvre s'allie à merveille
au melon d'eau finement rehaussé de lime et de piment.
Un délice vite fait auquel nul ne peut résister !

4 portions

* 840 g (5 ¼ tasses) de melon d'eau, en gros cubes
* ½ à 1 piment rouge, épépiné et haché finement
* Le zeste râpé et le jus de 2 grosses limes
* 25 g (1 ¼ tasse) de coriandre fraîche, hachée grossièrement
* 60 g (3 tasses) de roquette
* 125 g (¾ tasse) de fromage de chèvre à pâte ferme, en cubes
* Sel et poivre
* Quartiers de lime

Préparation

Déposer le melon d'eau dans un grand bol. Ajouter le piment, le zeste et le jus de lime. Saler et poivrer légèrement, puis remuer délicatement.

Garnir de coriandre, de roquette et de fromage de chèvre. Remuer délicatement et accompagner de quartiers de lime.

Capsule santé

Il est recommandé de boire de six à huit verres d'eau par jour, mais on oublie souvent que les aliments nous fournissent également un certain apport en liquide. Le melon d'eau est composé d'environ 80 % d'eau et, lorsqu'il est mûr, il renferme du glutathion, un antioxydant puissant qui aide à renforcer le système immunitaire et à lutter contre l'infection.

Salade de poivrons grillés au bocconcini

Par portion : 321 calories

Lipides : 27,5 g • Gras saturés : 5,7 g • Protéines : 7,6 g • Glucides : 12,3 g • Fibres : 2,8 g

Les poivrons grillés sont riches en antioxydants et soulignent brillamment le goût et l'élégance de la cuisine méditerranéenne.

4 portions

* 2 poivrons rouges, coupés en deux et épépinés
* 2 poivrons jaunes, coupés en deux et épépinés
* 1 oignon rouge, haché grossièrement
* 2 gousses d'ail, hachées finement
* 80 ml (⅓ tasse) d'huile d'olive
* 125 g (¾ tasse) de petites perles de bocconcini, égouttées
* 2 c. à soupe de basilic frais, déchiqueté grossièrement
* 2 c. à soupe de vinaigre balsamique
* Sel et poivre

Préparation

Préchauffer le four à 190 °C (375 °F). Disposer les poivrons dans un plat à rôtir peu profond, face coupée vers le haut. Parsemer d'oignon et d'ail, puis saler et poivrer généreusement. Arroser de 3 c. à soupe d'huile d'olive. Cuire au four 40 minutes ou jusqu'à ce qu'ils soient tendres. Laisser refroidir.

Disposer les poivrons dans un plat et arroser des jus de cuisson. Garnir de bocconcini et de basilic.

Dans un bol, mélanger au fouet le reste de l'huile d'olive et le vinaigre. Verser sur les poivrons. Couvrir et réfrigérer au moins 2 heures avant de servir.

Capsule santé

Les poivrons sont riches en vitamines A, C et K; ce sont les rouges qui en contiennent le plus. Les vitamines A et C sont des antioxydants qui aident à prévenir les dommages cellulaires, le cancer et les maladies liées au vieillissement. Elles soutiennent le système immunitaire et diminuent l'inflammation, notamment dans les cas d'asthme et d'arthrite.

Salade grecque sur feuille de vigne

Par portion : 208 calories
Lipides : 17,4 g • Gras saturés : 5,8 g • Protéines : 5,8 g • Glucides : 8,8 g • Fibres : 1,8 g

On sait depuis plusieurs années que le régime méditerranéen – riche en huile d'olive, en citron et en légumes gorgés de soleil – est bon pour la santé. Cette salade ne fait pas exception et son goût sera aussi savoureux que les tomates que vous y mettrez.

4 portions

* 4 feuilles de vigne, blanchies et égouttées
* 3 tomates, en tranches fines
* ½ concombre, pelé et coupé en tranches fines
* 1 petit oignon rouge, en tranches fines
* 125 g (¾ tasse) de fromage feta (pesé après égouttage), en cubes
* 32 olives noires mûres, dénoyautées

Vinaigrette

* 3 c. à soupe d'huile d'olive extra vierge
* 1 c. à soupe de jus de citron
* ½ c. à café d'origan séché
* Sel et poivre

Préparation

Disposer une feuille de vigne dans chaque assiette. Répartir les tomates, le concombre et l'oignon. Ajouter le fromage feta et les olives.

Dans un bocal muni d'un couvercle, mettre l'huile d'olive, le jus de citron et l'origan. Fermer avec soin et secouer vigoureusement. Verser sur la salade, puis saler et poivrer au goût. Servir immédiatement.

Capsule santé

On fabrique le fromage feta avec du lait de chèvre ou de brebis. Ce fromage contient du calcium, un minéral qui préserve la santé osseuse et contribue à prévenir l'ostéoporose. Il renferme également de la vitamine B_{12}, une alliée de la fonction cérébrale.

Tzatziki aux légumes et à la menthe

Par portion : 50 calories
Lipides : 0,8 g • Gras saturés : 0,5 g • Protéines : 4,8 g • Glucides : 6,6 g • Fibres : 1,5 g

Ces petites bouchées sont idéales comme hors-d'œuvre. À l'heure de l'apéro, servez-les sur un plateau avec d'autres bons amuse-gueule.

4 portions

* 125 g (¾ tasse) de betteraves cuites, égouttées et coupées en dés
* ½ concombre, en dés
* 10 radis, en dés
* 1 oignon vert, haché finement
* 12 feuilles de laitue Boston

Tzatziki

* 170 g (⅔ tasse) de yogourt grec nature 2 %
* ¼ c. à café de cumin moulu
* ½ c. à café de miel
* 2 c. à soupe de menthe fraîche, hachée finement
* Sel et poivre

Préparation

Préparer le tzatziki en mettant le yogourt, le cumin et le miel dans un bol. Incorporer la menthe, puis saler et poivrer au goût.

Ajouter les betteraves, le concombre, les radis et l'oignon vert. Remuer délicatement.

Disposer 3 feuilles de laitue dans chacune des assiettes. Garnir chaque feuille d'un peu de tzatziki et servir immédiatement

Capsule santé

Les feuilles de laitue externes sont mieux pourvues en bêtacarotène et en vitamine C. Elles contiennent aussi de petites quantités de fer et de folate. Les phytothérapeutes affirment que la laitue calme les nerfs et favorise le sommeil.

Salade de chicorée et d'épinards, vinaigrette aux agrumes

Par portion : 103 calories
Lipides : 7 g • Gras saturés : 1,2 g • Protéines : 1,5 g • Glucides : 9,6 g • Fibres : 1,8 g

La quintessence de l'été : de jeunes pousses de laitue et d'épinards mélangées avec de la chicorée frisée un peu amère. La vinaigrette aux agrumes est agréablement parfumée à la sauce soya.

4 portions

* ¼ chicorée frisée, déchiquetée
* 60 g (2 tasses) de jeunes épinards
* 150 g (2 ½ tasses) de mesclun
* 110 g (¾ tasse) de bleuets
* Quelques fleurs comestibles, pensées et capucines (facultatif)

Vinaigrette

* Le zeste râpé finement et le jus de ½ petite orange (et un peu plus de zeste râpé pour garnir)
* Le zeste râpé finement et le jus de ½ citron bio (et un peu plus de zeste râpé pour garnir)
* 1 c. à soupe de sauce soya légère
* 2 c. à soupe d'huile de son de riz
* 1 c. à café de miel
* Poivre

Préparation

Dans un grand bol, déposer la chicorée frisée, les épinards et le mesclun. Parsemer de bleuets.

Mettre tous les ingrédients de la vinaigrette dans un bocal muni d'un couvercle. Fermer avec soin et secouer vigoureusement. Verser sur la salade et remuer délicatement. Servir dans des assiettes et garnir de fleurs. Parsemer de zeste d'orange et de citron.

Capsule santé

Grâce à sa teneur élevée en antioxydants, le bleuet protège contre le cancer, stabilise la fonction cérébrale et protège le tissu nerveux contre le stress oxydatif (ce qui peut aider à améliorer la mémoire et l'apprentissage en plus de réduire les symptômes de la dépression).

Salade de haricots et de tomates aux œufs durs

Par portion : 503 calories

Lipides : 26,6 g • Gras saturés : 2 g • Protéines : 23 g • Glucides : 44,5 g • Fibres : 17 g

Cette recette santé est imprégnée de fraîcheur. La vinaigrette
au citron allège subtilement le goût des haricots.

4 portions

* 125 g (1 ¼ tasse) de haricots canneberges, trempés de 8 à 12 heures
* 2 grosses gousses d'ail, broyées
* Le jus de 2 citrons
* 80 ml (⅓ tasse) d'huile d'olive extra vierge
* 1 c. à café de sel
* 1 petit oignon, haché finement
* 2 tomates, épépinées et hachées finement
* 40 g (⅔ tasse) de persil plat frais, haché finement
* 1 c. à café de graines de cumin, broyées
* Poivre

Garniture

* 4 œufs
* 1 citron, en quartiers
* 1 pincée de sumac ou de flocons de piment

Préparation

Égoutter et rincer les haricots. Déposer dans une grande casserole, couvrir d'eau froide et porter à ébullition. Laisser bouillir à feu moyen-vif au moins 10 minutes, puis retirer du feu. Égoutter et rincer de nouveau. Ajouter de l'eau froide, porter à ébullition et laisser mijoter de 1 h 30 min à 2 heures ou jusqu'à ce qu'ils soient tendres, en ajoutant un peu d'eau bouillante au besoin. Égoutter et déposer dans un plat peu profond.

Mettre les œufs dans une casserole et couvrir d'eau froide. Porter à ébullition, baisser le feu et laisser mijoter 8 minutes. Égoutter immédiatement et rincer rapidement à l'eau froide. Écaler et couper en quartiers.

Écraser légèrement une partie des haricots chauds avec le dos d'une cuillère. Mélanger avec l'ail, le jus de citron, l'huile d'olive et le sel. Ajouter l'oignon, les tomates, le persil et le cumin. Poivrer au goût et remuer délicatement. Disposer les quartiers d'œufs et de citron sur le dessus. Saupoudrer de sumac et servir.

Salade de carottes et de grenade au gingembre

Par portion : 179 calories
Lipides : 10,7 g • Gras saturés : 1,5 g • Protéines : 2 g • Glucides : 20 g • Fibres : 4,2 g

Ajoutez une touche moyen-orientale à votre salade de carottes
en y intégrant de magnifiques graines de grenade.

4 portions

* 6 carottes, râpées finement
* 1 morceau de gingembre de 5 cm
  (2 po), pelé et râpé finement
* 1 petite grenade, en quartiers
* 60 g (1 ½ tasse) de pousses de
  luzerne ou de radis (ou autres
  pousses fraîches)

Vinaigrette

* 3 c. à soupe d'huile d'olive légère
* 3 c. à café de vinaigre de vin rouge
* 3 c. à café de mélasse de grenade
* Sel et poivre

Préparation

Déposer les carottes et le gingembre dans un grand bol.
Plier les quartiers de grenade en deux de façon à faire
sortir les graines. Déloger celles qui résistent avec la
pointe d'un petit couteau. Déposer dans le bol.

Dans un bocal muni d'un couvercle, déposer l'huile
d'olive, le vinaigre et la mélasse. Saler et poivrer au
goût. Fermer avec soin et secouer vigoureusement.
Verser sur la salade et remuer délicatement. Couvrir
et laisser mariner au réfrigérateur 30 minutes.

Garnir de pousses fraîches et servir.

Capsule santé

Les graines de grenade ont
l'air de petits rubis scintillants.
Elles renferment beaucoup de
flavonoïdes et de polyphénols, des
antioxydants qui contribueraient
à nous protéger contre le cancer
et les maladies du cœur.

Salade d'avocat, d'ananas et de pamplemousse rose

Par portion : 150 calories
Lipides : 6 g • Gras saturés : 0,8 g • Protéines : 2 g • Glucides : 26 g • Fibres : 5,5 g

Cette salade acidulée et joliment présentée dans une feuille de laitue
peut être servie en entrée ou comme plat d'accompagnement.

4 portions

* 2 pamplemousses roses, pelés
  à vif, puis coupés en segments
  (réserver la membrane)
* La chair de ½ ananas, en dés
* La chair de 1 gros avocat, en dés
* Le zeste râpé finement et le jus
  de 1 lime
* 2 c. à soupe de menthe fraîche,
  hachée finement
* 4 grandes feuilles externes
  de laitue iceberg

Préparation

Couper les segments de pamplemousse en deux et
les déposer dans un grand bol. Presser le jus de la
membrane dans le bol. Ajouter l'ananas et l'avocat.
Parsemer de zeste de lime et de menthe, puis arroser
de jus de lime. Remuer délicatement.

Tapisser 4 petites assiettes d'une feuille de laitue.
Répartir la préparation au centre de chaque feuille
et servir immédiatement.

Capsule santé

La vitamine C présente dans l'ananas et le
pamplemousse aide à renforcer le système
immunitaire et à augmenter la production de
collagène, une substance protéique essentielle
à la santé de la peau, des os, du cartilage, des dents
et des gencives. Cette vitamine serait un élément
protecteur de choix contre les maladies du cœur,
le cancer et l'asthme.

Salade santé, vinaigrette aux framboises

Par portion : 150 calories
Lipides : 11,2 g • Gras saturés : 1,4 g • Protéines : 2,4 g • Glucides : 12 g • Fibres : 4,2 g

Les baies de goji séchées et les framboises fraîches sont riches en antioxydants.

4 portions

* 90 g (2 ¼ tasses) de jeune bette à carde rouge
* 135 g (2 ¼ tasses) de mâche
* 20 g (1 tasse) de roquette
* 15 g (⅓ tasse) de pousses de petits pois
* 195 g (1 ½ tasse) de framboises
* 3 c. à soupe de baies de goji séchées

Vinaigrette

* 1 c. à café de miel
* 1 c. à soupe de vinaigre de vin rouge
* 3 c. à soupe d'huile d'olive légère
* Sel et poivre

Préparation

Dans un grand bol, déposer la bette à carde, la mâche, la roquette et les pousses de petits pois. Remuer délicatement.

Au mélangeur, mixer jusqu'à consistance lisse 65 g (½ tasse) de framboises avec le miel, le vinaigre, l'huile d'olive, du sel et du poivre.

Dresser la salade dans des petites assiettes. Garnir de baies de goji et du reste des framboises. Arroser de vinaigrette.

Capsule santé

La framboise renferme beaucoup de vitamine C. Les phytothérapeutes recommandent le vinaigre de framboise pour apaiser la toux.

Salade de fruits rafraîchissante à la noix de coco

Par portion : 390 calories

Lipides : 25,9 g • Gras saturés : 22,3 g • Protéines : 5,2 g • Glucides : 41 g • Fibres : 10,7 g

Faites une escapade en Jamaïque grâce à cette salade tropicale
qui combine le doux parfum de la mangue et des baies de goji
à la fraîcheur de l'ananas et de la noix de coco.

4 portions

* 1 petite noix de coco
* Le zeste râpé finement et le jus de 1 lime
* La chair de 1 petit ananas, en dés
* La chair de 1 grosse mangue, en dés
* ½ concombre, pelé, coupé en deux sur la longueur, épépiné et coupé en tranches épaisses
* 3 c. à soupe de baies de goji séchées
* 20 g (1 tasse) de coriandre fraîche, hachée finement

Préparation

À l'aide d'une brochette métallique ou d'un couteau bien affûté, percer l'un des trois yeux situés à la base de la noix de coco. Filtrer au tamis et réserver le liquide. Briser la noix de coco en morceaux.

Dans un grand bol, mélanger l'eau de coco réservée avec le zeste et le jus de lime. À l'aide d'un petit couteau pointu, séparer la chair de la noix de coco de la coque fibreuse. À l'aide d'un couteau-éplucheur, couper la chair en copeaux fins et en mesurer environ 100 g (1 tasse).

Déposer les copeaux de noix de coco dans la vinaigrette. Ajouter l'ananas, la mangue, le concombre, les baies de goji et la coriandre. Remuer délicatement et servir dans des bols.

Capsule santé

Au moins 50 % de nos calories devraient provenir des aliments d'origine végétale. Voilà pourquoi il est si important de consommer au moins cinq fruits et légumes par jour.

Énergie

Salade de nouilles au gingembre avec porc croustillant à l'aigre-doux

Par portion : 461 calories

Lipides : 10,5 g • Gras saturés : 1,7 g • Protéines : 40 g • Glucides : 48 g • Fibres : 4,4 g

Vous pouvez préparer cette salade à l'avance. Réservez-en une portion que vous dégusterez le lendemain midi au travail.

4 portions

* 570 g (1 ¼ lb) d'escalopes de porc maigres
* 250 g (8 oz) de nouilles chinoises de blé entier sèches
* 200 g (2 tasses) de légumes verts chinois, en filaments
* 2 carottes, en bâtonnets fins
* 140 g (2 tasses) de pois mange-tout, en lanières fines
* 2 oignons verts, hachés finement
* 1 morceau de gingembre de 2 cm (¾ po), pelé et râpé finement

Vinaigrette

* Le zeste râpé finement et le jus de ½ orange
* 2 c. à soupe d'huile de tournesol
* 2 c. à soupe de sauce soya
* 1 c. à soupe de miel
* 1 c. à soupe de vinaigre de riz
* 1 c. à café d'anis étoilé moulu
* 2 gousses d'ail, hachées finement

Préparation

Préchauffer le gril du four à température élevée et tapisser une lèchefrite de papier d'aluminium. Mettre tous les ingrédients de la vinaigrette dans un bocal muni d'un couvercle. Fermer avec soin et secouer vigoureusement.

Déposer la viande dans la lèchefrite en une seule couche et arroser de 3 c. à soupe de vinaigrette. Cuire au four de 12 à 15 minutes, jusqu'à ce qu'elle soit dorée, en la retournant et en l'arrosant des jus de cuisson une ou deux fois.

Entre-temps, cuire les nouilles en suivant les indications inscrites sur l'emballage. Égoutter, rincer à l'eau froide et égoutter de nouveau. Déposer dans un grand bol, verser le reste de la vinaigrette et laisser refroidir.

Ajouter les légumes verts, les carottes, les mange-tout, les oignons verts et le gingembre dans le bol et remuer délicatement. Couper la viande en tranches fines et disposer sur la salade. Servir immédiatement.

Capsule santé

Nous avons besoin d'énergie – et particulièrement de glucides – pour respirer, bouger, faire de l'exercice, nous développer et avoir une bonne circulation sanguine. Les lipides et les protéines participent aussi à toutes ces fonctions. Les glucides devraient composer au moins 50 % de notre régime quotidien, les lipides pas plus de 35 % et les protéines un maximum de 15 %.

Salade d'épinards à la pancetta

Par portion : 413 calories
Lipides : 36,5 g • Gras saturés : 8,9 g • Protéines : 16,2 g • Glucides : 6,4 g • Fibres : 3,7 g

La vinaigrette au sirop d'érable fait bon ménage avec le goût fumé
de la pancetta et la légère amertume des épinards.

4 portions

* 290 g (9 ¾ tasses) de jeunes épinards
* 2 c. à soupe d'huile d'olive
* 155 g (5 ½ oz) de pancetta fumée, en dés
* 300 g (3 ¾ tasses) de champignons sauvages variés, en tranches

Vinaigrette

* 1 c. à soupe de vinaigre balsamique
* 1 c. à café de moutarde de Dijon
* 1 c. à café de sirop d'érable
* 5 c. à soupe d'huile d'olive
* Sel et poivre

Préparation

Mettre tous les ingrédients de la vinaigrette dans un bocal muni d'un couvercle. Fermer avec soin et secouer vigoureusement.

Déposer les épinards dans un grand bol. Dans une grande poêle, à feu moyen-vif, chauffer l'huile d'olive et cuire la pancetta 3 minutes en remuant. Ajouter les champignons et cuire de 3 à 4 minutes ou jusqu'à ce qu'ils soient tendres.

Verser la vinaigrette dans la poêle et transvider immédiatement le tout dans le bol d'épinards. Remuer avec soin et servir.

Capsule santé

La pancetta est un bacon italien qui renferme beaucoup de gras. Il est donc recommandé d'en user avec modération. Elle procure une bonne dose d'énergie, même en petite quantité.

Salade de bœuf au raifort

Par portion : 362 calories
Lipides : 12 g • Gras saturés : 5 g • Protéines : 35 g • Glucides : 34 g • Fibres : 6,4 g

Cette salade est bien pourvue en glucides de digestion lente, en protéines et en fer.

4 portions

* 480 g (3 tasses) de petites pommes de terre nouvelles, en tranches épaisses
* 12 tomates cerises, coupées en deux
* 120 g (4 tasses) d'épinards
* 1 oignon rouge, haché finement
* 275 g (1 ⅔ tasse) de betteraves, cuites et égouttées
* 2 c. à soupe de vinaigre balsamique
* 2 biftecks de filet de 250 g (8 oz) chacun (enlever le gras visible)
* 2 c. à café d'huile d'olive
* 1 c. à café de grains de poivre multicolores, concassés

Sauce à salade

* 130 g (½ tasse) de ricotta
* 65 g (¼ tasse) de yogourt nature écrémé
* 1 à 2 c. à café de sauce au raifort
* Sel et poivre

Préparation

Déposer les pommes de terre dans le panier d'une marmite à vapeur et le placer dans le récipient inférieur rempli d'eau en ébullition. Cuire de 6 à 8 minutes ou jusqu'à ce qu'elles soient tendres. Laisser refroidir.

Déposer les tomates, les épinards, l'oignon et les betteraves dans un grand bol. Ajouter le vinaigre et remuer.

Chauffer une poêle à fond cannelé à feu vif. Badigeonner la viande d'huile d'olive et parsemer de poivre broyé. Cuire dans la poêle chaude 2 minutes de chaque côté (mi-saignant), 3 minutes de chaque côté (à point) ou 4 minutes de chaque côté (bien cuit). Réserver dans une assiette.

Déposer la ricotta et le yogourt dans un grand bol, puis incorporer la sauce au raifort. Saler et poivrer au goût. Ajouter les pommes de terre et remuer délicatement. Répartir la salade d'épinards dans des assiettes, puis déposer la salade de pommes de terre au centre. Couper la viande en tranches fines et la disposer sur le dessus. Servir immédiatement.

Capsule santé

Le bœuf contient plusieurs minéraux, mais il est surtout riche en fer. Ce dernier est essentiel à l'hémoglobine, un pigment présent dans les globules rouges qui transporte l'oxygène dans tout le corps. Il agit de concert avec le zinc pour la préservation et la réplication de l'acide désoxyribonucléique (ADN) et de l'acide ribonucléique (ARN). Le zinc est nécessaire à la croissance normale du corps et au renforcement du système immunitaire.

Salade César au poulet à l'érable

Par portion : 464 calories
Lipides : 20 g • Gras saturés : 5,2 g • Protéines : 52 g • Glucides : 20 g • Fibres : 3,9 g

Faites un repas léger et énergisant au moins une heure avant de faire de l'exercice. Et au cours des 30 minutes qui suivent la fin de votre séance, refaites le plein de glycogène en prenant un goûter riche en glucides et pauvre en matière grasse.

4 portions

* 4 tranches de pain de blé entier, en dés
* Enduit à cuisson pauvre en matière grasse
* 2 c. à café de moutarde de Dijon
* 1 c. à soupe de sirop d'érable
* 3 c. à soupe d'huile d'olive
* 2 gousses d'ail, hachées finement
* Le jus de 1 citron
* 500 g (1 lb) de poitrines de poulet désossées et sans peau, en tranches fines
* 60 g (2 oz) de parmesan
* 4 cœurs de laitue romaine (séparer et déchiqueter les feuilles)

Vinaigrette

* 2 œufs
* 1 c. à café de sauce Worcestershire
* Sel et poivre

Préparation

Pour faire les croûtons, préchauffer le four à 200 °C (400 °F). Déposer les dés de pain en une seule couche sur une plaque de cuisson. Vaporiser d'enduit à cuisson et faire dorer au four de 8 à 10 minutes ou jusqu'à ce qu'ils soient croustillants en les retournant à mi-cuisson.

Dans un plat peu profond, mélanger 1 c. à café de moutarde, le sirop d'érable, 1 c. à soupe d'huile d'olive et la moitié de l'ail et du jus de citron. Ajouter le poulet et bien remuer. Couvrir et réserver pas plus de 5 minutes.

Déposer les œufs dans une petite casserole, couvrir d'eau froide et porter à ébullition. Laisser bouillir 1 minute. Égoutter et rincer à l'eau froide. Fendre le dessus de la coquille et, à l'aide d'une petite cuillère, retirer l'œuf mollet pour le déposer dans le bol du mélangeur. Ajouter la sauce Worcestershire ainsi que le reste de la moutarde, de l'ail et du jus de citron. Émietter la moitié du parmesan et l'ajouter dans le bol avec un peu de sel et de poivre. Mixer jusqu'à consistance lisse, puis verser peu à peu le reste de l'huile pendant que l'appareil est toujours en marche. Mixer de nouveau.

Chauffer une poêle à fond cannelé à feu vif. Cuire le poulet de 8 à 10 minutes en le retournant à mi-cuisson. (Procéder en deux fois si la poêle n'est pas assez grande.) Couper une tranche en deux pour s'assurer que la chair n'est plus rosée et que les jus sont clairs.

Mélanger la laitue avec la moitié de la vinaigrette. Répartir dans des bols. Couper le reste du parmesan en copeaux fins. Garnir la salade de poulet chaud et de croûtons. Verser le reste de la vinaigrette et parsemer de parmesan.

Salade de bœuf
au raifort
page 54

Salade César au
poulet à l'érable
page 55

Salade de saumon et de pommes de terre nouvelles

Au lieu d'utiliser du beurre ou de la mayonnaise, on mélange cette salade chaude et nourrissante avec une vinaigrette au citron et à l'huile d'olive. Moins de calories, plus de saveur !

4 portions

* 750 g (4 ⅔ tasses) de petites pommes de terre nouvelles, coupées en deux (couper les plus grosses en tranches épaisses)
* 1 filet de saumon de 500 g (1 lb)
* 1 oignon rouge, en tranches fines
* ½ laitue iceberg, déchiquetée
* 120 g (1 ⅔ tasse) de chou kale, en filaments
* 55 g (1 ¼ tasse) de pousses de petits pois
* Sel et poivre

Vinaigrette

* 60 ml (¼ tasse) d'huile d'olive
* Le jus de 1 citron
* 2 c. à café de miel
* 1 c. à soupe de câpres, égouttées et hachées

Préparation

Remplir la partie inférieure d'une marmite à vapeur d'eau froide et porter à ébullition. Ajouter les pommes de terre et ramener à ébullition. Déposer le saumon en une seule couche dans le panier (partie supérieure) de la marmite. Saler et poivrer au goût. Placer le panier dans le récipient inférieur, couvrir et cuire à la vapeur 10 minutes ou jusqu'à ce que le saumon soit à point. Retirer le panier et poursuivre la cuisson des pommes de terre de 4 à 5 minutes ou jusqu'à ce qu'elles soient tendres.

Entre-temps, dans un grand bol, mélanger l'huile d'olive, le jus de citron et le miel. Ajouter les câpres, puis saler et poivrer au goût.

Ajouter l'oignon à la vinaigrette. Ajouter les pommes de terre chaudes et remuer délicatement.

Répartir la laitue et le chou dans des bols. Ajouter la préparation de pommes de terre. Défaire le poisson en gros morceaux en prenant soin de jeter la peau et les arêtes. Disposer sur la salade et garnir de pousses de petits pois. Servir immédiatement.

Par portion : 519 calories
Lipides : 29,2 g • Gras saturés : 5,3 g • Protéines : 28,3 g • Glucides : 35,3 g • Fibres : 6,2 g

Salade d'artichauts au prosciutto

Par portion : 345 calories
Lipides : 22,4 g • Gras saturés : 3,7 g • Protéines : 10,1 g • Glucides : 27,5 g • Fibres : 9 g

Pour se faciliter la tâche, il ne faut pas hésiter à acheter des cœurs d'artichaut en pot.
Ils sont délicieux avec le prosciutto et la vinaigrette ail-moutarde.

4 portions

* 12 cœurs d'artichaut conservés dans l'huile, égouttés et coupés en quartiers
* 6 petites tomates, en quartiers
* 8 morceaux de tomates séchées conservées dans l'huile, égouttées et coupées en lanières fines
* 45 g (1 ½ oz) de tranches de prosciutto, en lanières
* 35 g (¼ tasse) d'olives noires mûres, dénoyautées et coupées en deux
* 40 g (1 tasse) de basilic frais, déchiqueté (et un peu plus pour garnir)
* 4 tranches de pain blanc croûté

Vinaigrette

* 3 c. à soupe d'huile d'olive
* 1 c. à soupe de vinaigre de vin blanc
* 1 gousse d'ail, broyée
* ½ c. à café de moutarde douce
* 1 c. à café de miel
* Sel et poivre

Préparation

Dans un grand bol, déposer les artichauts, les tomates fraîches, les tomates séchées, le prosciutto, les olives et le basilic.

Mettre tous les ingrédients de la vinaigrette dans un bocal muni d'un couvercle. Fermer avec soin et secouer vigoureusement. Verser sur la salade et remuer délicatement.

Garnir de basilic et servir immédiatement avec le pain croûté.

Salade de thon, de lentilles et de pommes de terre

Par portion : 554 calories
Lipides : 25,7 g • Gras saturés : 3,6 g • Protéines : 37 g • Glucides : 44 g • Fibres : 10,2 g

Cette salade vous procurera toute l'énergie dont vous avez besoin pour vaquer à vos occupations de l'après-midi ou vous adonner à votre sport préféré.

4 portions

* 200 g (1 tasse) de lentilles brunes
* 2 c. à soupe d'huile d'olive (et un peu plus pour badigeonner)
* 300 g (10 oz) de petites pommes de terre nouvelles, coupées en deux
* 1 laitue Boston
* 4 darnes de thon de 125 g (4 oz)
* 16 tomates cerises, coupées en deux
* 40 g (2 tasses) de roquette

Vinaigrette

* 80 ml (⅓ tasse) d'huile d'olive fruitée
* 1 c. à soupe de vinaigre balsamique
* 2 c. à café de vinaigre de vin rouge
* 1 c. à café de moutarde de Dijon crémeuse
* 1 c. à café de miel

Préparation

Déposer les lentilles dans une casserole, couvrir d'eau et cuire 25 minutes ou selon les indications inscrites sur l'emballage. Égoutter et transvider dans un grand bol. Mélanger avec l'huile d'olive.

Déposer les pommes de terre dans une casserole et couvrir d'eau froide. Porter à ébullition, couvrir et laisser mijoter 15 minutes ou jusqu'à tendreté. Égoutter.

Entre-temps, retirer les feuilles extérieures de la laitue et couper le cœur en huit. Disposer dans des assiettes.

Mettre tous les ingrédients de la vinaigrette dans un bocal muni d'un couvercle. Fermer et secouer.

Chauffer une poêle à fond cannelé à feu vif. Badigeonner le thon d'huile d'olive. Cuire 3 minutes (saignant) ou 5 minutes (à point) en le retournant à mi-cuisson. Déposer dans une grande assiette et couper chaque darne en six.

Disposer les lentilles, le thon, les pommes de terre et les tomates sur la laitue. Garnir de roquette et arroser de vinaigrette. Servir immédiatement.

Capsule santé

Le thon est une bonne source d'oméga-3, des acides gras essentiels réputés améliorer les fonctions cérébrales et cognitives et réduire le risque de cardiopathie et d'arthrite.

Salade chaude de lentilles rouges

Par portion : 336 calories
Lipides : 21 g • Gras saturés : 8,6 g • Protéines : 16,4 g • Glucides : 19,3 g • Fibres : 4,3 g

Les amidons des lentilles nous procurent une énergie de longue durée, tandis que leurs fibres solubles aideraient à réduire le cholestérol sanguin.

4 portions

* 2 c. à soupe d'huile d'olive
* 2 c. à café de graines de cumin
* 2 gousses d'ail, broyées
* 1 morceau de gingembre de 2 cm (¾ po), pelé et râpé finement
* 300 g (1 ½ tasse) de lentilles rouges cassées
* 750 ml (3 tasses) de bouillon de légumes
* 2 c. à soupe de menthe fraîche, hachée grossièrement
* 2 c. à soupe de coriandre fraîche, hachée grossièrement
* 2 oignons rouges, en tranches fines
* 210 g (7 tasses) d'épinards
* 1 c. à café d'huile de noisette
* 160 g (1 tasse) de fromage de chèvre à pâte molle
* 65 g (¼ tasse) de yogourt grec nature
* Poivre

Préparation

Dans une grande casserole, à feu moyen, chauffer 1 c. à soupe d'huile d'olive. Faire revenir le cumin, l'ail et le gingembre 2 minutes. Ajouter les lentilles, puis verser le bouillon, une louche à la fois. Laisser mijoter en remuant de temps à autre jusqu'à ce que tout le liquide soit absorbé avant d'ajouter une autre louche. (Cette étape prendra environ 20 minutes en tout.) Retirer du feu et incorporer la menthe et la coriandre.

Entre-temps, dans une poêle, à feu moyen-doux, chauffer le reste de l'huile d'olive. Cuire les oignons 10 minutes ou jusqu'à ce qu'ils soient tendres et légèrement dorés en remuant souvent.

Mettre les épinards dans un bol, ajouter l'huile de noisette et remuer délicatement. Servir dans des bols.

Déposer le fromage et le yogourt dans un petit bol. Poivrer au goût et réduire en purée. Déposer les lentilles sur les épinards. Garnir d'oignons et de la préparation de fromage.

Capsule santé

Les lentilles sont nutritives et peu coûteuses. Pauvres en matière grasse et exemptes de cholestérol, elles sont bien pourvues en protéines, fibres, vitamines B et acides aminés essentiels. Leur teneur en acide folique aussi est intéressante.

Salade de pâtes de blé entier aux tomates grillées

Par portion : 473 calories
Lipides : 28,7 g • Gras saturés : 5 g • Protéines : 13,8 g • Glucides : 43 g • Fibres : 8,3 g

Les sportifs aiment les pâtes de blé entier pour leur teneur élevée en glucides, principale source d'énergie des muscles pendant une séance d'exercice.

4 portions

* 570 g (1 ¼ lb) de tomates de formes et de couleurs variées, coupées en deux
* 2 gousses d'ail, hachées finement
* 80 ml (⅓ tasse) d'huile d'olive
* 250 g (8 oz) de pâtes de blé entier (ex. : pennes)
* 90 g (3 tasses) de jeunes épinards
* Sel et poivre
* Quelques copeaux de parmesan

Pesto aux épinards

* 50 g (1 ¼ tasse) de basilic frais (et un peu plus pour garnir)
* 3 c. à soupe de pignons
* 25 g (¼ tasse) de parmesan, râpé finement

Préparation

Préchauffer le four à 160 °C (320 °F). Déposer les tomates dans un plat à rôtir, face coupée vers le haut. Parsemer d'ail et arroser de 2 c. à soupe d'huile d'olive. Saler et poivrer généreusement. Cuire au four de 40 à 45 minutes, jusqu'à ce qu'elles soient tendres et légèrement dorées. Laisser refroidir, puis hacher les plus grosses.

Entre-temps, mettre les pâtes dans une grande casserole d'eau bouillante. Ramener à ébullition, couvrir et cuire jusqu'à ce qu'elles soient tendres en suivant les indications inscrites sur l'emballage. Égoutter, rincer à l'eau froide et égoutter de nouveau.

Au mélangeur, mixer jusqu'à consistance lisse tous les ingrédients du pesto avec 30 g (1 tasse) d'épinards et le reste de l'huile d'olive. Saler et poivrer légèrement.

Dans un grand bol, mélanger les pâtes avec le pesto. Ajouter le reste des épinards et remuer rapidement. Ajouter les tomates et leurs jus de cuisson, puis remuer délicatement. Garnir de basilic et de copeaux de parmesan.

Capsule santé

Les athlètes ont besoin d'un apport glucidique de 5 à 10 g par kilo (2 ¼ lb) de poids corporel. Une personne moyenne en a normalement besoin de 3 à 5 g.

Salade de poires et de céleri au fromage bleu et aux noix

Par portion : 382 calories
Lipides : 30,8 g • Gras saturés : 7 g • Protéines : 9,2 g • Glucides : 17 g • Fibres : 6,5 g

Les noix sont considérées comme un aliment santé depuis très longtemps. Dans cette salade automnale, on les combine avec du fromage bleu pour fournir une bonne dose d'énergie à l'organisme.

4 portions

* 2 grosses poires rouges juteuses
* 4 branches de céleri, hachées
* 1 trait de jus de citron
* 3 c. à soupe de persil plat frais, haché grossièrement
* 330 g (5 ½ tasses) de laitues et feuilles variées vert foncé (ex. : roquette, cresson et jeunes épinards)
* 100 g (¾ tasse) de fromage bleu, en petits morceaux
* 30 g (¼ tasse) de noix de Grenoble, hachées
* Sel marin en flocons

Vinaigrette

* 1 c. à soupe de jus de citron
* 60 ml (¼ tasse) d'huile de noix
* ¼ c. à café de poivre

Préparation

Couper une poire non pelée en quartiers et l'évider. Couper chacun des quartiers sur la longueur en segments fins. Déposer dans un grand bol, ajouter le céleri et arroser de jus de citron.

Couper l'autre poire non pelée en quartiers et l'évider. Couper un quartier sur la longueur en segments fins et les mettre dans le bol. Peler et hacher grossièrement les autres quartiers et les déposer dans le bol du mélangeur.

Ajouter les ingrédients de la vinaigrette dans le bol du mélangeur et mixer jusqu'à consistance lisse.

Verser 80 ml (⅓ tasse) de vinaigrette sur la salade (ou juste assez pour l'enrober). Ajouter le persil et une pincée de sel.

Répartir les laitues dans des assiettes. Garnir de la préparation de poire et de céleri. Parsemer de fromage et de noix. Servir immédiatement.

Capsule santé

Les noix sont riches en acides gras monoinsaturés en plus d'être une bonne source d'acides gras oméga-3. Une consommation quotidienne d'environ 30 g (¼ tasse) comble environ 75 % de nos besoins en oméga-3.

Salade de tomates et de bocconcini

Par portion : 377 calories

Lipides : 32 g • Gras saturés : 7,3 g • Protéines : 11,8 g • Glucides : 14 g • Fibres : 7 g

Cette salade très facile à préparer contient de l'avocat, un fruit bien pourvu en vitamines antioxydantes et en acides gras monoinsaturés bons pour la santé. Il renferme plus de protéines que tout autre fruit.

4 portions

* 4 tomates géantes (variété Cœur de bœuf ou autre), en gros quartiers
* 155 g (1 tasse) de bocconcini, égoutté et coupé en morceaux
* La chair de 2 avocats, en tranches
* Quelques feuilles de basilic frais, déchiquetées
* 20 olives noires mûres, dénoyautées

Vinaigrette

* 60 ml (¼ tasse) d'huile d'olive
* 1 ½ c. à soupe de vinaigre de vin blanc
* 1 c. à café de moutarde à l'ancienne
* Sel et poivre

Préparation

Dresser les tomates, le bocconcini et les avocats dans un grand plat.

Dans un petit bol, mélanger tous les ingrédients de la vinaigrette. Verser sur la salade. Garnir de basilic et d'olives. Remuer délicatement et servir.

Capsule santé

Le bocconcini est une bonne source de protéines et de calcium, des alliés de choix pour la santé des dents et des os. Sa teneur élevée en matière grasse fournit une bonne quantité d'énergie, mais on doit le consommer avec modération.

L'avocat

On dit que l'avocat serait le fruit le plus
complet au monde sur le plan nutritif.
Considéré comme un superaliment, il
contient plusieurs vitamines, minéraux,
phytonutriments et protéines. Il offre
l'avantage de fournir rapidement de
l'énergie à l'organisme. Sa teneur en gras
augmente sa valeur calorique, mais il s'agit
d'acides gras monoinsaturés, c'est-à-dire
de bons gras essentiels à la santé qui aident
à maintenir des taux sains de cholestérol.
L'avocat renferme de la lutéine, un
antioxydant naturel qui aiderait à préserver
la vue et à prévenir la dégénérescence
maculaire liée à l'âge.

Salade énergisante aux œufs pochés

Par portion : 365 calories
Lipides : 25,2 g • Gras saturés : 4,3 g • Protéines : 15,5 g • Glucides : 21 g • Fibres : 5,8 g

Voici de quoi faire le plein d'énergie et de nutriments pour tout l'après-midi !

4 portions

Tapenade

* 115 g (1 tasse) de gourganes fraîches, écossées
* 70 g (½ tasse) d'olives vertes, dénoyautées
* 15 g (¼ tasse) de persil plat frais, haché grossièrement
* 40 g (2 tasses) de roquette
* 1 petite gousse d'ail, en tranches

Salade

* 90 g (3 tasses) de jeunes épinards
* 100 g (1 ¼ tasse) de champignons de Paris, en tranches
* 1 c. à café de vinaigre de vin blanc
* 4 œufs
* 4 tranches de pain de campagne
* Sel et poivre

Vinaigrette

* 4 c. à café de vinaigre balsamique
* 60 ml (¼ tasse) d'huile d'olive légère (et un peu plus)

Préparation

Déposer les gourganes dans une casserole d'eau froide. Porter à ébullition et laisser mijoter 5 minutes. Égoutter et transvider dans le bol du robot culinaire. Ajouter le reste des ingrédients de la tapenade, saler et poivrer. Hacher finement et réserver au chaud.

Déposer les épinards et les champignons dans un grand bol. Préparer la vinaigrette en mélangeant le vinaigre balsamique et l'huile d'olive dans un bol. Saler et poivrer. Verser sur les légumes, remuer et répartir dans des assiettes.

Porter une grande casserole d'eau à ébullition. Ajouter le vinaigre de vin blanc et un peu de sel. Faire tourbillonner l'eau à l'aide d'une cuillère, puis y casser les œufs un à un. Laisser pocher quelques minutes jusqu'à ce que les blancs soient pris (les jaunes doivent rester coulants).

Entre-temps, faire griller le pain et le tartiner de tapenade. Déposer une tranche dans chaque assiette. À l'aide d'une cuillère à égoutter, déposer un œuf sur chacune des tranches. Saler, poivrer et arroser d'huile.

Capsule santé

La gourgane est une légumineuse bien pourvue en glucides de digestion lente et en fibres. Même si les fibres ne contiennent pas d'énergie ni de nutriments, elles favorisent la digestion et l'absorption des autres aliments en plus de faciliter le transit intestinal, ce qui pourrait aider à réduire les symptômes du syndrome du côlon irritable et les taux de cholestérol sanguin.

Salade d'avocats aux amandes

Par portion : 312 calories

Lipides : 25,7 g • Gras saturés : 3,1 g • Protéines : 7,4 g • Glucides : 19,2 g • Fibres : 10,5 g

La chair onctueuse et savoureuse des avocats est rehaussée de jus de citron, de coriandre, d'oignons verts et de piment auxquels on ajoute des amandes en bâtonnets bien croquantes.

4 portions

* 2 c. à café d'huile d'olive
* 50 g (½ tasse) d'amandes en bâtonnets
* 1 laitue iceberg, coupée en quartiers et déchiquetée
* 3 avocats, coupés en deux, dénoyautés et pelés
* Le jus de 2 citrons

Sauce à salade

* 65 g (¼ tasse) de yogourt nature écrémé
* 2 oignons verts, hachés finement
* ¼ c. à café de flocons de piment
* 15 g (⅔ tasse) de coriandre fraîche, hachée finement (facultatif)
* Sel et poivre

Capsule santé

L'ajout de 1 à 2 c. à café d'amandes augmente la teneur d'une salade en vitamine E, en calcium et en protéines, une idée particulièrement avantageuse pour les végétariens.

Préparation

Dans une poêle, à feu moyen, chauffer l'huile d'olive et faire dorer les amandes de 3 à 4 minutes en remuant souvent. Laisser refroidir.

Déposer la laitue dans un grand bol. Couper 2 avocats en tranches, puis les mettre dans un autre bol et les arroser du jus de 1 ½ citron. Disposer sur la laitue.

Préparer la sauce à salade en écrasant le dernier avocat dans une assiette avec le reste du jus de citron. Ajouter le yogourt, les oignons verts, le piment et la coriandre. Saler et poivrer légèrement.

Répartir la salade dans des bols peu profonds. Parsemer d'amandes et arroser de sauce à salade.

Salade énergisante
aux œufs pochés
page 72

Salade
d'avocats aux
amandes
page 73

Céleri rémoulade et asperges

La rémoulade est habituellement préparée avec de la mayonnaise, de la moutarde, des cornichons et des fines herbes. Nous avons modernisé la recette classique en y intégrant du yogourt nature écrémé de façon à réduire la quantité de matière grasse.

4 portions

* 1 petit céleri-rave, pelé et coupé en bâtonnets
* 4 pommes de terre rouges, pelées et coupées en bâtonnets
* 60 g (½ tasse) de noix de Grenoble, hachées grossièrement
* 80 g (⅓ tasse) de cornichons, égouttés et hachés
* 15 g (¼ tasse) de ciboulette fraîche, ciselée finement
* 16 pointes d'asperge, parées
* 2 c. à soupe d'huile d'olive
* Sel et poivre

Rémoulade

* 3 c. à soupe de mayonnaise légère
* 3 c. à soupe de yogourt nature écrémé
* 2 c. à café de moutarde de Dijon

Préparation

Déposer le céleri-rave et les pommes de terre dans une casserole d'eau bouillante. Ramener à ébullition, couvrir et laisser mijoter de 3 à 4 minutes, jusqu'à ce qu'ils soient tendres mais encore fermes. Égoutter, rincer à l'eau froide plusieurs fois pour les refroidir rapidement. Égoutter et réserver dans un bol.

Préparer la rémoulade en déposant la mayonnaise et le yogourt dans un petit bol. Incorporer la moutarde, puis saler et poivrer généreusement. Verser sur les légumes et remuer délicatement.

Ajouter les noix, les cornichons et la ciboulette à la salade. Servir dans des bols peu profonds.

Chauffer une poêle à fond cannelé à feu vif. Mettre les asperges et l'huile d'olive dans un bol. Saler et poivrer généreusement, puis remuer délicatement. Cuire de 3 à 4 minutes ou jusqu'à ce qu'elles soient tendres. Disposer sur la salade et servir immédiatement.

Par portion : 353 calories

Lipides : 19,5 g • Gras saturés : 2,2 g • Protéines : 8,3 g • Glucides : 40,3 g • Fibres : 6,9 g

Salade de betteraves grillées

Par portion : 505 calories
Lipides : 19,3 g • Gras saturés : 2,5 g • Protéines : 10 g • Glucides : 75 g • Fibres : 9 g

Vous pouvez remplacer le riz de Camargue par du riz brun à grains longs.

4 portions

* 8 betteraves, pelées et coupées en cubes de 2 cm (¾ po) (réserver 120 g [3 tasses] de feuilles)
* 420 g (3 tasses) de courge Butternut, en cubes de 2 cm (¾ po)
* 4 c. à soupe d'huile d'olive
* 55 g (½ tasse) de riz brun à grains longs
* 55 g (½ tasse) de riz rouge de Camargue
* 90 g (½ tasse) de farro (blé amidonnier) à cuisson rapide
* Sel et poivre

Vinaigrette

* 1 c. à soupe d'huile de lin
* 2 c. à soupe de vinaigre de vin rouge
* ½ c. à café de paprika fumé fort
* 1 c. à café de graines de fenouil, broyées grossièrement
* 2 c. à café de pâte de tomates

Préparation

Préchauffer le four à 200 °C (400 °F). Déposer les dés de betteraves et de courge dans un plat à rôtir. Arroser de 2 c. à soupe d'huile d'olive, saler et poivrer. Cuire au four 30 minutes ou jusqu'à ce qu'ils soient tendres.

Entre-temps, mettre le riz brun et le riz de Camargue dans une casserole d'eau bouillante. Ramener à ébullition et laisser mijoter à découvert 15 minutes. Ajouter le farro et cuire 10 minutes (ou selon les indications inscrites sur l'emballage), jusqu'à ce qu'il soit tendre. Égoutter, rincer et déposer dans une assiette.

Mettre tous les ingrédients de la vinaigrette dans un bocal muni d'un couvercle et ajouter le reste de l'huile d'olive. Saler et poivrer au goût. Fermer avec soin et secouer vigoureusement. Verser sur le riz et remuer.

Déposer les légumes grillés sur les céréales et laisser refroidir. Remuer et garnir de feuilles de betteraves.

Capsule santé

Les courges à chair orange foncé contiennent beaucoup de bêtacarotène, un pigment qui se convertit en vitamine A dans l'organisme et qui est essentiel à une bonne vue.

Salade énergisante aux haricots

Par portion : 276 calories
Lipides : 13,3 g • Gras saturés : 1,6 g • Protéines : 11 g • Glucides : 29,6 g • Fibres : 11,4 g

Cette belle salade est composée d'aliments à indice glycémique peu élevé.

4 portions

* 390 g (2 tasses) de haricots verts, coupés en deux
* 215 g (1 ⅓ tasse) d'edamames surgelés ou de gourganes
* 160 g (1 tasse) de maïs en grains surgelé
* 1 boîte de 540 ml de haricots rouges, rincés et égouttés (donne 370 g)
* 2 c. à soupe de graines de chia

Vinaigrette

* 3 c. à soupe d'huile d'olive
* 1 c. à soupe de vinaigre de vin rouge
* 1 c. à café de moutarde à l'ancienne
* 1 c. à café de sirop d'agave
* 4 c. à café d'estragon frais, haché
* Sel et poivre

Préparation

Déposer les haricots verts, les edamames et le maïs dans une casserole d'eau bouillante. Ramener à ébullition et laisser mijoter 4 minutes pour attendrir les haricots verts. Égoutter et rincer à l'eau froide. Égoutter de nouveau et déposer dans un grand bol.

Ajouter les haricots rouges et les graines de chia. Remuer délicatement.

Mettre l'huile d'olive, le vinaigre et la moutarde dans un bocal muni d'un couvercle. Ajouter le sirop d'agave, l'estragon, du sel et du poivre. Fermer avec soin et secouer vigoureusement. Verser sur la salade et remuer délicatement. Servir immédiatement.

Capsule santé

Très prisées par les Mayas et les Aztèques, les graines de chia sont riches en protéines, lesquelles contribuent au développement et à la réparation des muscles. Cette source végétale contient à la fois des acides gras oméga-3, -6 et -9. Une seule cuillerée à soupe fournit 5 g de fibres. Les femmes devraient consommer 25 g de fibres par jour, et les hommes, 38 g.

Salade d'avocat au maïs

Par portion : 188 calories
Lipides : 12,5 g • Gras saturés : 1,7 g • Protéines : 3,3 g • Glucides : 19,6 g • Fibres : 4,9 g

De l'avocat onctueux combiné à du poivron, du chou kale et du maïs
bien croquants, voilà qui vous fournira toute l'énergie
dont vous aurez besoin au cours de l'après-midi.

4 portions

* 215 g (1 ⅓ tasse) de maïs en grains surgelé
* La chair de 1 gros avocat, en cubes
* 10 tomates cerises, en quartiers
* ½ oignon rouge, haché finement
* 1 petit poivron vert, en petits morceaux
* 35 g (½ tasse) de chou kale, en filaments
* 10 g (½ tasse) de coriandre fraîche, hachée grossièrement

Vinaigrette

* Le zeste râpé finement et le jus de 1 lime
* 2 c. à soupe d'huile d'olive
* Sel et poivre

Préparation

Déposer le maïs dans une casserole d'eau bouillante. Ramener à ébullition et laisser mijoter 3 minutes. Égoutter et rincer à l'eau froide. Égoutter de nouveau et déposer dans un grand bol.

Mettre tous les ingrédients de la vinaigrette dans un bocal muni d'un couvercle. Fermer avec soin et secouer vigoureusement.

Mettre l'avocat, les tomates, l'oignon, le poivron, le chou et la coriandre dans le bol de maïs. Verser la vinaigrette et remuer délicatement. Répartir dans des bols et servir immédiatement.

Capsule santé

Naturellement sucré et rempli de glucides de digestion lente, le maïs fournit une énergie de longue durée qui aide à prévenir les sautes d'humeur.

Santé

Salade de poulet riche en fibres

Par portion : 694 calories
Lipides : 20 g • Gras saturés : 3,2 g • Protéines : 46,3 g • Glucides : 79,7 g • Fibres : 5,6 g

Laissez-vous enivrer par les saveurs marocaines de cette salade santé composée
de riz brun épicé, de chou kale, d'abricots séchés et de raisins secs.

4 portions

* 150 g (1 ⅓ tasse) de riz brun
* 2 c. à café de pâte de tomates
* 500 g (1 lb) de poitrines de poulet désossées et sans peau
* 95 g (⅔ tasse) d'abricots séchés, en dés
* 50 g (⅓ tasse) de raisins secs
* ½ citron mariné, égoutté et haché finement
* 1 petit oignon rouge, haché finement
* 90 g (1 ¼ tasse) de chou kale, en filaments
* 3 c. à soupe de pignons, grillés

Vinaigrette

* 2 c. à café de harissa
* 60 ml (¼ tasse) d'huile d'olive
* Le jus de 1 citron
* Sel et poivre

Préparation

Déposer le riz dans une casserole d'eau bouillante. Ramener à ébullition et laisser mijoter de 25 à 30 minutes (ou selon les indications inscrites sur l'emballage). Égoutter et réserver dans un bol.

Entre-temps, mettre tous les ingrédients de la vinaigrette dans un bocal muni d'un couvercle. Fermer avec soin et secouer vigoureusement.

Dans un bol, mélanger la pâte de tomates avec 2 c. à soupe de vinaigrette. Préchauffer le gril du four à température élevée. Tapisser une lèchefrite de papier d'aluminium et déposer le poulet en une seule couche. Badigeonner de vinaigrette aux tomates et faire griller au four de 15 à 18 minutes en le retournant et en le badigeonnant du reste de la vinaigrette aux tomates à mi-cuisson. Couper une poitrine en deux pour s'assurer que la chair n'est plus rosée et que les jus sont clairs et très chauds. Couvrir et laisser refroidir.

Verser le reste de la vinaigrette sur le riz. Ajouter les abricots séchés, les raisins secs, le citron mariné et l'oignon. Remuer délicatement et laisser refroidir. Ajouter le chou et les pignons en remuant. Couper le poulet en tranches fines et disposer sur la salade. Servir immédiatement.

Capsule santé

Le riz est une source importante de protéines et d'énergie.
Le riz brun contient plus de nutriments et de fibres, car ses
couches de son sont intactes. Les homéopathes croient que
le riz peut aider à soigner les problèmes digestifs,
de l'indigestion à la diverticulite.

Salade de couscous au poulet

Par portion : 521 calories

Lipides : 16,5 g • Gras saturés : 2 g • Protéines : 45,8 g • Glucides : 48,4 g • Fibres : 5,2 g

En plus d'être magnifique, cette salade est bonne pour la santé du cerveau ! Les betteraves donnent une belle couleur rouge vif aux autres ingrédients.

4 portions

* 180 g (1 tasse) de couscous israélien (couscous à gros grains)
* 205 g (1 ¼ tasse) de betteraves cuites, en dés
* 1 petit oignon rouge, haché finement
* 8 tomates cerises, coupées en deux
* Les graines de 1 grenade
* Le jus de 2 citrons
* 2 c. à soupe d'huile de lin
* 2 c. à soupe d'huile d'olive
* 4 c. à café de pâte de tomates
* 2 c. à soupe de menthe fraîche, hachée grossièrement
* 1 c. à café de grains de poivre noir, concassés
* 500 g (1 lb) de poitrines de poulet désossées et sans peau, en tranches
* Sel et poivre

Préparation

Déposer le couscous dans une casserole d'eau bouillante. Ramener à ébullition et laisser mijoter de 6 à 8 minutes (ou selon les indications inscrites sur l'emballage), jusqu'à ce qu'il soit tendre. Égoutter, rincer et déposer dans un grand bol. Ajouter les betteraves, l'oignon, les tomates et les graines de grenade.

Préparer la vinaigrette en mettant le jus de 1 citron, l'huile de lin, la moitié de l'huile d'olive et de la pâte de tomates dans un bocal muni d'un couvercle. Saler et poivrer au goût. Fermer avec soin et secouer vigoureusement. Verser sur la salade, parsemer de menthe et remuer.

Déposer le reste du jus de citron, de l'huile d'olive et de la pâte de tomates dans un sac de plastique propre. Ajouter le poivre broyé. Fermer avec soin et secouer vigoureusement. Ajouter le poulet, sceller et remuer.

Chauffer une poêle à fond cannelé à feu vif. Cuire le poulet 10 minutes en le retournant une ou deux fois (procéder en deux ou trois fois si la poêle n'est pas assez grande). Couper une tranche en deux pour s'assurer que la chair n'est plus rosée et que les jus sont clairs et très chauds. Disposer le poulet sur la salade et servir.

Capsule santé

Les taux élevés de nitrates présents dans la betterave contribuent à freiner la progression de la démence. La bétacyanine est le pigment qui lui donne sa magnifique couleur. De concert avec les caroténoïdes et les flavonoïdes, elle aiderait à réduire l'oxydation du cholestérol LDL, protégeant ainsi les parois artérielles et diminuant le risque de cardiopathie et d'accident vasculaire cérébral.

Salade de crevettes et de haricots blancs

Par portion : 408 calories
Lipides : 19,5 g • Gras saturés : 3,1 g • Protéines : 23,5 g • Glucides : 35 g • Fibres : 3,4 g

Cette salade raffinée est rehaussée d'une vinaigrette au persil et au jus de citron qui lui donne une belle fraîcheur. Une recette imbattable pour faire le plein de protéines.

4 portions

* 1 boîte de 540 ml de petits ou gros haricots blancs, rincés et égouttés (donne 320 g)
* ½ oignon rouge, haché finement
* 1 branche de céleri, hachée finement
* 300 g (10 ½ oz) de grosses crevettes, cuites et décortiquées, avec la queue intacte (faire décongeler si elles sont surgelées)
* 1 gousse d'ail, hachée finement
* Le jus de 1 citron
* 80 ml (⅓ tasse) d'huile d'olive
* 2 c. à soupe de persil plat frais, haché grossièrement (et quelques feuilles entières pour servir)
* 4 tranches épaisses de pain de campagne ou de pain au levain
* 95 g (½ tasse) de petites tomates italiennes, coupées en deux
* Sel et poivre

Préparation

Dans un grand bol peu profond, déposer les haricots, l'oignon, le céleri, les crevettes et l'ail. Ajouter le jus de citron, 2 c. à soupe d'huile d'olive et le persil. Saler et poivrer légèrement. Bien remuer, couvrir et réserver.

Chauffer une poêle à fond cannelé à feu vif. Utiliser une partie du reste de l'huile pour badigeonner le pain. Faire dorer dans la poêle de 2 à 3 minutes de chaque côté. Déposer dans des assiettes.

Mélanger les tomates à la salade. Servir sur le pain grillé. Arroser du reste de l'huile et garnir de feuilles de persil. Poivrer au goût et servir.

Capsule santé

Les haricots blancs sont excellents pour la santé. Ils produisent des inhibiteurs d'alpha-amylase, une enzyme digestive qui aide à réguler le stockage des graisses. Ils sont une bonne source de fibres et de protéines, et leur indice glycémique est peu élevé. Remplis d'antioxydants, ils fournissent du molybdène, un oligo-élément qui nettoie l'organisme.

Salade de feta et de fraises à la menthe

Par portion : 354 calories

Lipides : 30 g • Gras saturés : 12 g • Protéines : 11,3 g • Glucides : 12 g • Fibres : 3,2 g

Les fraises contribuent à combler nos besoins quotidiens en vitamine C.
Leur saveur naturellement sucrée s'harmonise parfaitement avec le goût salé
du fromage feta et la texture croquante des haricots verts.

4 portions

* 490 g (2 ½ tasses) de haricots verts
* 225 g (1 ½ tasse) de fraises, équeutées et coupées en deux
* 1 c. à soupe de pistaches, écalées
* 20 g (¼ tasse) de menthe fraîche
* 270 g (1 ⅔ tasse) de fromage feta, en morceaux
* Poivre

Vinaigrette

* 1 c. à soupe de vinaigre de framboise
* 1 c. à café de sirop d'agave
* 1 c. à café de moutarde de Dijon
* 1 pincée de sel
* 60 ml (¼ tasse) d'huile d'olive

Préparation

Dans un bol, mélanger le vinaigre, le sirop d'agave, la moutarde et le sel jusqu'à consistance lisse. Verser peu à peu l'huile d'olive en remuant sans cesse au fouet.

Déposer les haricots dans une casserole d'eau bouillante. Ramener à ébullition et laisser mijoter 5 minutes pour les attendrir. Égoutter et rincer à l'eau froide. Égoutter de nouveau et déposer dans un grand bol. Ajouter les fraises, les pistaches et la menthe. Verser suffisamment de vinaigrette, puis remuer délicatement.

Parsemer de fromage feta et poivrer généreusement. Servir immédiatement.

Capsule santé

La fraise renferme plus de vitamine C que les autres petits fruits rouges, ce qui lui confère des propriétés antibactériennes et antivirales très efficaces. Riche en bêtacarotène, elle contient des sucres naturels qui procurent de l'énergie à l'organisme.

Salade de ratatouille et de haricots blancs

Par portion : 167 calories

Lipides : 4,6 g • Gras saturés : 0,6 g • Protéines : 8,4 g • Glucides : 23 g • Fibres : 9 g

Cette salade riche en fibres peut être servie tiède.
N'ajoutez les laitues et le vinaigre qu'au moment de servir.

4 portions

* 1 c. à soupe d'huile d'olive
* 1 oignon rouge, haché grossièrement
* 1 poivron rouge, en morceaux
* 1 poivron vert, en morceaux
* 1 poivron orange, en morceaux
* 2 gousses d'ail, hachées finement
* 3 tomates, pelées et hachées grossièrement
* 1 c. à soupe de pâte de tomates
* ¼ c. à café de paprika fumé fort
* 2 brins de romarin frais
* 2 courgettes, en morceaux
* 1 boîte de 540 ml de gros haricots blancs, rincés et égouttés (donne 320 g)
* 120 g (2 tasses) de jeunes laitues variées (ex. : roquette, bette à carde rouge, feuilles de moutarde ou mizuna)
* 1 c. à soupe de vinaigre balsamique
* Sel et poivre

Préparation

Dans une casserole, à feu moyen, chauffer l'huile d'olive et faire dorer légèrement l'oignon 5 minutes, jusqu'à ce qu'il soit tendre. Ajouter les poivrons, l'ail et les tomates. Incorporer la pâte de tomates et le paprika.

Ajouter le romarin, puis saler et poivrer généreusement. Couvrir et laisser mijoter 10 minutes. Ajouter les courgettes et cuire 5 minutes, jusqu'à ce qu'elles soient un peu tendres mais toujours d'un beau vert foncé.

Retirer du feu et ajouter les haricots. Saler et poivrer au goût. Jeter les brins de romarin et laisser refroidir dans un grand bol.

Au moment de servir, mélanger les laitues avec le vinaigre, puis les disposer sur la salade.
Servir dans des bols peu profonds.

Salade d'épinards au brie

Par portion : 459 calories
Lipides : 39,8 g • Gras saturés : 12 g • Protéines : 15 g • Glucides : 14 g • Fibres : 4,1 g

Qui saura résister à une deuxième portion de cette salade exceptionnelle ?

4 portions

* 180 g (6 tasses) de jeunes épinards
* 2 betteraves crues, pelées et coupées en tranches très fines
* 95 g (1 ¼ tasse) de germes de haricot
* 180 g (1 tasse) de brie, en dés

Vinaigrette

* 90 g (¾ tasse) de noix de Grenoble, en morceaux
* 1 c. à café de graines de fenouil, broyées grossièrement
* 60 ml (¼ tasse) d'huile de son de riz
* 2 c. à soupe de vinaigre de vin rouge
* 2 c. à café de sirop de riz brun
* Sel et poivre

Préparation

Dans un grand bol, déposer les épinards, les betteraves et les germes de haricot.

Préparer la vinaigrette en préchauffant une poêle à feu moyen. Faire griller légèrement les noix et les graines de fenouil de 2 à 3 minutes. Retirer du feu et ajouter l'huile de son de riz. Laisser refroidir 5 minutes.

Filtrer l'huile refroidie dans un bocal muni d'un couvercle. Ajouter le vinaigre, le sirop de riz, du sel et du poivre. Fermer avec soin et remuer vigoureusement. Verser sur la salade et remuer délicatement.

Garnir de brie, de noix et de graines de fenouil. Servir immédiatement.

Capsule santé

Malgré sa pâte molle et crémeuse, le brie renferme étonnamment moins de matière grasse que les fromages à pâte dure comme le cheddar et le gruyère. Une portion de 100 g (3 ½ oz) renferme 28 g de matière grasse, dont 17,4 g sont des gras saturés comparativement au gruyère qui, pour une même quantité, renferme 33 g de matière grasse, dont 19 g de gras saturés.

Fattouche

Cette superbe salade libanaise met en valeur la fraîcheur du citron, de la menthe et de la coriandre. Des morceaux de pitas grillés viennent ajouter une texture croustillante à l'ensemble.

4 portions

* 1 petit poivron rouge, en dés
* 1 petit poivron jaune, en dés
* 1 petit poivron vert, en dés
* 1 concombre, pelé, coupé en deux sur la longueur, en dés
* 2 oignons verts, hachés finement
* 40 g (½ tasse) de menthe fraîche, hachée finement
* 10 g (½ tasse) de coriandre fraîche, hachée finement
* 2 pains pitas
* 80 g (½ tasse) de fromage feta, émietté

Vinaigrette

* Le jus de 1 citron
* 3 c. à soupe d'huile d'olive
* ½ c. à café de graines de cumin, broyées grossièrement
* 1 gousse d'ail, hachée finement
* Poivre

Préparation

Dans un grand bol, déposer les poivrons, le concombre et les oignons verts. Parsemer de menthe et de coriandre, puis remuer délicatement.

Préparer la vinaigrette en mettant le jus de citron, l'huile d'olive, le cumin et l'ail dans un bocal muni d'un couvercle. Poivrer légèrement. Fermer avec soin et remuer vigoureusement. Verser sur la salade et remuer délicatement. Répartir dans des bols.

Chauffer une poêle à fond cannelé à feu moyen. Réchauffer les pitas 1 ½ minute de chaque côté, jusqu'à ce qu'ils soient gonflés. Déposer dans une assiette et couper en petits morceaux. Parsemer la salade de fromage feta et de morceaux de pitas. Servir immédiatement.

Par portion : 263 calories
Lipides : 15,3 g • Gras saturés : 4,7 g • Protéines : 7,2 g • Glucides : 25 g • Fibres : 3,3 g

Salade de lentilles vertes et d'épinards

Par portion : 429 calories
Lipides : 17,6 g • Gras saturés : 4,2 g • Protéines : 23,5 g • Glucides : 44,6 g • Fibres : 6,9 g

Riche en fibres et vite faite, cette salade se déguste tiède.
Voilà de quoi réconforter votre famille pendant la saison froide.

4 portions

* 875 ml (3 ½ tasses) de bouillon de légumes
* 2 feuilles de laurier
* 1 bâton de cannelle, coupé en deux
* 2 ½ poireaux
* 400 g (2 tasses) de lentilles vertes sèches, rincées et égouttées
* 3 c. à soupe d'huile d'olive
* 2 gousses d'ail, hachées finement
* 4 œufs
* 2 c. à soupe de câpres, égouttées et hachées
* 90 g (3 tasses) de jeunes épinards
* 30 g (½ tasse) de persil plat frais, haché grossièrement

Vinaigrette

* 2 c. à soupe de vinaigre de vin rouge
* 1 c. à café de moutarde de Dijon
* Sel et poivre

Préparation

Dans une casserole, porter le bouillon à faible ébullition avec le laurier et la cannelle. Couper un morceau de blanc de poireau de 8 cm (3 po) et le mettre dans la casserole avec les lentilles. Couvrir et laisser mijoter 25 minutes (ou selon les indications inscrites sur l'emballage), jusqu'à ce que les lentilles soient tendres et que le liquide soit presque complètement absorbé. Au besoin, ajouter un peu d'eau bouillante en cours de cuisson. Égoutter et déposer dans un grand bol. Jeter le poireau cuit, les feuilles de laurier et la cannelle.

Entre-temps, couper le reste des poireaux en rondelles fines. Dans une poêle, à feu moyen, chauffer 1 c. à soupe d'huile d'olive et faire sauter les poireaux avec l'ail de 3 à 4 minutes pour les attendrir un peu. Retirer du feu et laisser refroidir.

Déposer les œufs dans une casserole et couvrir d'eau froide. Porter à ébullition, baisser le feu et laisser bouillir 8 minutes. Égoutter immédiatement et rincer rapidement à l'eau froide. Écaler et couper en quartiers.

Préparer la vinaigrette en mettant le vinaigre, le reste de l'huile, la moutarde, du sel et du poivre dans un bocal muni d'un couvercle. Fermer avec soin et secouer vigoureusement. Verser sur les lentilles et remuer délicatement. Garnir de poireaux, de câpres et d'épinards. Disposer les œufs sur le dessus et parsemer de persil. Servir chaud.

Salade de minibrocoli

Par portion : 232 calories
Lipides : 11,1 g • Gras saturés : 1,4 g • Protéines : 6,2 g • Glucides : 29 g • Fibres : 6,5 g

Le brocoli est l'un des principaux superaliments. Qu'il soit petit ou gros,
il renferme du sulforaphane, un composé phytochimique reconnu pour lutter contre
le cancer, particulièrement dans les cas de tumeurs du système digestif, des poumons
et de la prostate. On recommande de le cuire à la vapeur, car il perd la moitié
de sa vitamine C lorsqu'on le fait bouillir.

4 portions

* 190 g (2 tasses) de minibrocoli
* 190 g (2 ½ tasses) de chou rouge, en filaments
* 125 g (¾ tasse) de betteraves en conserve (bâtonnets, lanières ou cubes), égouttées
* 2 c. à soupe de canneberges séchées
* 1 c. à soupe de graines de tournesol
* 1 c. à soupe de graines de lin
* 3 c. à soupe de vinaigre balsamique

Croûtons

* 2 c. à soupe d'huile d'olive
* 3 tranches de pain de campagne de grains entiers, déchiquetées finement

Préparation

Déposer le brocoli dans le panier d'une marmite à vapeur et le placer dans la partie inférieure remplie d'eau en ébullition. Cuire à la vapeur de 3 à 5 minutes, jusqu'à ce qu'il soit tendre. Rincer à l'eau froide. Couper les tiges en deux sur la longueur et couper les plus grosses en quatre. Déposer dans un grand bol.

Ajouter le chou, les betteraves et les canneberges dans le bol.

Préparer les croûtons en chauffant l'huile d'olive dans une poêle à feu moyen. Faire griller légèrement les morceaux de pain sur toutes les faces de 3 à 4 minutes. Ajouter les graines de tournesol et de lin et faire griller légèrement de 2 à 3 minutes. Ajouter le vinaigre et remuer délicatement. Garnir de croûtons et de graines. Servir immédiatement.

Capsule santé

Les bouquets de brocoli les plus foncés (violets, vert foncé ou bleu-vert) sont ceux qui renferment le plus de bêtacarotène et de vitamine C. Ce légume contient aussi des folates, du fer et du potassium.

Laitue feuille de chêne aux trois graines

Par portion : 212 calories
Lipides : 14,6 g • Gras saturés : 2 g • Protéines : 6,7 g • Glucides : 16 g • Fibres : 4,7 g

Le yogourt s'accorde toujours parfaitement avec les épinards et les feuilles de céleri.

4 portions

* ½ laitue feuille de chêne (séparer et déchiqueter les feuilles)
* 120 g (4 tasses) d'épinards
* 2 branches de céleri, en tranches
* 1 petite poignée de feuilles de céleri, hachées grossièrement (et un peu plus pour garnir)
* 150 g (1 tasse) de bleuets
* Le jus de 2 citrons
* Sel et poivre

Sauce à salade

* 2 c. à soupe de graines de sésame, grillées (et un peu plus)
* 2 c. à soupe de graines de tournesol
* 2 c. à soupe de graines de lin
* 1 gousse d'ail, en tranches
* 2 c. à soupe d'huile d'olive
* 170 g (⅔ tasse) de yogourt nature écrémé

Préparation

Déposer la laitue déchiquetée et les épinards dans un grand bol. Ajouter le céleri, les feuilles de céleri et les bleuets. Verser la moitié du jus de citron, puis saler et poivrer au goût. Remuer délicatement.

Au mélangeur, moudre finement toutes les graines avec l'ail, l'huile d'olive et le reste du jus de citron. Ajouter le yogourt et mixer rapidement jusqu'à consistance lisse.

Dresser la salade dans des assiettes. Verser une généreuse cuillérée de sauce à salade au centre de chaque portion. Saupoudrer de graines de sésame et garnir de feuilles de céleri.

Capsule santé

Les graines de lin renferment plus de minéraux (calcium, magnésium, phosphore, potassium et zinc) que les autres graines. Il est préférable de les broyer afin que leurs nutriments soient assimilés plus facilement par l'organisme. Les graines de tournesol et de sésame sont de bonnes sources de vitamine E tandis que celles de sésame renferment aussi du calcium. Toutes les graines contiennent des protéines et des fibres en plus d'avoir une teneur élevée en acides gras insaturés.

Salade de chou épicée

Par portion : 193 calories
Lipides : 12 g • Gras saturés : 1,6 g • Protéines : 7,2 g • Glucides : 17 g • Fibres : 4,2 g

Pour moderniser cette recette classique, on remplace la mayonnaise
par du yogourt nature épicé au curcuma et au garam masala.

4 portions

* 170 g (⅔ tasse) de yogourt nature écrémé
* 150 g (2 tasses) de chou rouge, en filaments
* 35 g (½ tasse) de chou kale, en filaments
* 1 pomme sucrée et croquante, évidée et râpée
* 1 grosse carotte, râpée
* Sel et poivre

Garniture

* 2 c. à soupe de graines de citrouille
* 2 c. à soupe de graines de tournesol
* 2 c. à soupe d'amandes en bâtonnets
* 1 ½ c. à café de garam masala
* ½ c. à café de curcuma moulu
* 1 c. à soupe d'huile de tournesol

Préparation

Préparer la garniture en chauffant une poêle à feu moyen. Déposer les graines de citrouille et de tournesol, les amandes, ½ c. à café de garam masala et ¼ c. à café de curcuma. Ajouter l'huile de tournesol et cuire en remuant souvent de 3 à 4 minutes, jusqu'à ce que les amandes soient bien dorées. Laisser refroidir.

Dans un grand bol, bien mélanger le yogourt avec le reste du garam masala et du curcuma, puis saler et poivrer au goût.

Mélanger le yogourt avec le chou rouge, le chou kale, la pomme et la carotte. Servir dans des bols et parsemer de la garniture de graines et d'amandes.

Capsule santé

Le chou rouge, le chou kale et la carotte contiennent beaucoup d'antioxydants, tandis que la pomme est bien pourvue en vitamine C. Tous ces ingrédients aident à renforcer le système immunitaire.

Carpaccio de légumes d'été

Par portion : 359 calories

Lipides : 21,4 g • Gras saturés : 2,8 g • Protéines : 8,8 g • Glucides : 36,8 g • Fibres : 10,6 g

La mandoline est idéale pour couper les légumes le plus finement possible de façon à voir quasiment à travers. Usez de prudence, car on peut se blesser facilement les doigts avec cet ustensile.

4 portions

Houmous

* 1 boîte de 540 ml de pois chiches, rincés et égouttés (donne 375 g)
* 1 gousse d'ail, hachée finement
* 1 c. à soupe de graines de chia
* 2 c. à soupe de graines de sésame, grillées
* Le jus de 1 citron
* 2 c. à soupe d'huile d'olive
* Sel et poivre

Salade

* 16 pointes d'asperge, coupées en lanières fines sur la longueur
* 2 carottes, coupées en lanières fines sur la longueur
* 1 betterave rouge crue, pelée et coupée en tranches très fines (réserver les feuilles les plus petites)
* 1 betterave jaune pelée et coupée en tranches très fines (réserver les feuilles les plus petites)
* 5 tomates cerises jaunes, en tranches fines
* 3 tomates, en tranches fines

Vinaigrette

* Le jus de ½ citron
* 3 c. à soupe d'huile d'olive
* 1 c. à café de moutarde de Dijon

Préparation

Au robot culinaire, mixer tous les ingrédients du houmous jusqu'à l'obtention d'une purée épaisse et facile à tartiner.

Déposer tous les ingrédients de la salade dans un grand bol.

Mettre tous les ingrédients de la vinaigrette dans un bocal muni d'un couvercle. Saler et poivrer légèrement. Fermer avec soin et secouer vigoureusement. Verser sur la salade et remuer délicatement.

Déposer du houmous au centre des assiettes, puis l'étaler en formant un cercle peu épais avec le dos d'une cuillère. Couvrir de salade et garnir de petites feuilles de betteraves.

Salade de blé aux baies de goji

Par portion : 420 calories
Lipides : 22,8 g • Gras saturés : 3,1 g • Protéines : 12,8 g • Glucides : 49 g • Fibres : 10 g

Les grains de blé entier conservent tous leurs éléments : germe, son et endosperme. Ils renferment de grandes quantités de glucides de digestion lente, de vitamines B et E, de minéraux et de fibres. Ils remplacent admirablement le riz dans les salades.

4 portions

* 625 ml (2 ½ tasses) de bouillon de légumes
* 135 g (¾ tasse) de grains de blé entier
* 45 g (⅓ tasse) de baies de goji séchées
* 2 carottes
* 140 g (2 tasses) de chou kale, en filaments

Vinaigrette

* 70 g (½ tasse) de noisettes, hachées grossièrement
* 2 c. à soupe de graines de sésame
* 2 c. à soupe de graines de tournesol
* 2 c. à soupe de sauce soya
* 2 c. à soupe d'huile de sésame
* Le jus de ½ orange

Préparation

Porter le bouillon à ébullition dans une casserole. Ajouter les grains de blé et laisser mijoter 25 minutes ou jusqu'à ce qu'ils soient tendres. Égoutter les grains et jeter le bouillon. Dans un grand bol, mélanger le blé avec les baies de goji.

Vinaigrette : dans une poêle sèche, à feu moyen-vif, faire griller légèrement les noisettes et les graines de sésame et de tournesol de 3 à 4 minutes. Retirer du feu, ajouter la sauce soya et laisser refroidir 1 minute. Incorporer l'huile de sésame et le jus d'orange. Verser la moitié de la vinaigrette sur le blé. Remuer et laisser refroidir.

À l'aide d'un couteau-éplucheur, couper les carottes en rubans longs et minces, puis les déposer dans le bol de blé. Ajouter le chou et remuer délicatement. Arroser du reste de la vinaigrette et servir.

Capsule santé

La baie de goji est riche en bêtacarotène et s'avère une bonne source de vitamines B et d'antioxydants. Certains prétendent que cette minuscule baie rouge de l'Himalaya aiderait à réduire la cellulite.

Salade de tomates et d'épinards avec croûtons à l'ail grillé

Une fois grillé, l'ail perd son goût piquant. Sa saveur devient douce et quasiment sucrée. Employez du paprika fumé fort de préférence.

4 portions

* 1 tête d'ail, coupée en deux sur la largeur
* 80 ml (⅓ tasse) d'huile d'olive
* 90 g (3 tasses) d'épinards
* 180 g (3 tasses) de mesclun
* 12 tomates cerises, coupées en deux
* 4 tranches de pain croûté de blé entier

Vinaigrette

* 2 c. à soupe de graines de citrouille
* 2 c. à soupe de graines de tournesol
* 2 c. à soupe de graines de lin, broyées grossièrement
* ¼ c. à café de paprika fumé
* 4 c. à café de vinaigre balsamique
* Sel et poivre

Préparation

Préchauffer le four à 180 °C (350 °F). Déposer la tête d'ail sur une feuille de papier d'aluminium chiffonnée, puis la mettre dans un petit plat à rôtir. Arroser de 1 c. à soupe d'huile d'olive et faire griller au four 20 minutes ou jusqu'à ce que les gousses soient tendres et dorées.

Vinaigrette : dans une poêle sèche, à feu moyen-vif, faire griller légèrement toutes les graines de 3 à 4 minutes. Retirer du feu. Ajouter le paprika et 60 ml (¼ tasse) d'huile d'olive, puis laisser refroidir.

Mélanger la vinaigrette refroidie avec le vinaigre. Saler et poivrer au goût.

Dans un grand bol, déposer les épinards et le mesclun. Ajouter les tomates. Verser la vinaigrette et remuer délicatement. Servir dans des assiettes.

Faire griller le pain des deux côtés. Presser légèrement les gousses d'ail pour en extraire la pulpe, puis hacher finement celle-ci pour obtenir une purée épaisse. Étaler une fine couche sur le pain grillé. Saler et poivrer légèrement. Déposer un croûton sur chaque portion de salade. Arroser du reste d'huile d'olive et servir.

Par portion : 378 calories
Lipides : 29 g • Gras saturés : 3,9 g • Protéines : 7,9 g • Glucides : 24,6 g • Fibres : 5 g

Salade de radicchio aux petits fruits

Par portion : 169 calories
Lipides : 10,8 g • Gras saturés : 0,7 g • Protéines : 2,2 g • Glucides : 17 g • Fibres : 4 g

Cette salade est exquise en entrée ou comme accompagnement. Elle contient tout ce qu'il faut pour renforcer le système immunitaire et égayer les papilles.

4 portions

* 1 petit radicchio (séparer et déchiqueter les feuilles)
* ½ laitue feuille de chêne ou lollo rosso (séparer et déchiqueter les feuilles)
* 35 g (¼ tasse) de baies de goji séchées
* 130 g (1 tasse) de framboises
* 110 g (¾ tasse) de bleuets

Vinaigrette

* 3 c. à soupe d'huile de chanvre
* Le jus de ½ citron
* 1 c. à café de sirop de riz brun
* Sel et poivre

Capsule santé

L'huile de chanvre renferme plus d'oméga-3, -6 et -9 (de bons acides gras polyinsaturés) que toute autre huile utilisée pour la cuisson.

Préparation

Déposer le radicchio et la laitue dans un grand bol. Ajouter le reste des ingrédients de la salade et remuer délicatement.

Mettre tous les ingrédients de la vinaigrette dans un bocal muni d'un couvercle.
Fermer avec soin et secouer vigoureusement.
Verser sur la salade et remuer délicatement.
Servir dans des bols peu profonds.

Salade d'edamames et de petits pois

Par portion : 250 calories
Lipides : 17,7 g • Gras saturés : 2 g • Protéines : 10 g • Glucides : 11 g • Fibres : 6,5 g

Ajoutez-y des fines herbes ou des pétales comestibles (pensées, capucines ou soucis).

4 portions

* 215 g (1 ⅓ tasse) d'edamames surgelés ou de gourganes fraîches écossées
* 195 g (1 tasse) de haricots verts
* 500 g (8 tasses) de petits pois frais, écossés (couper les petites cosses plates en deux)
* 35 g (¾ tasse) de pousses de petits pois
* 60 g (1 ½ tasse) de pousses de luzerne ou de radis (ou autres pousses fraîches)

Vinaigrette

* 2 c. à soupe d'huile de son de riz
* 2 c. à soupe d'huile d'olive
* Le jus de 1 lime
* 1 c. à café de sirop d'agave
* 1 morceau de gingembre de 2 cm (¾ po), pelé et râpé finement
* Sel et poivre

Préparation

Porter une casserole d'eau à ébullition. Ajouter les edamames et les haricots verts, puis laisser mijoter 2 minutes. Ajouter les cosses coupées en deux, s'il y a lieu, et cuire 1 minute de plus. Égoutter et rincer à l'eau froide. Égoutter de nouveau et déposer dans un grand bol. Ajouter les petits pois crus.

Mettre tous les ingrédients de la vinaigrette dans un bocal muni d'un couvercle. Fermer avec soin et secouer vigoureusement.

Verser la vinaigrette sur la salade et remuer délicatement. Garnir de pousses de petits pois et de luzerne. Servir immédiatement.

Capsule santé

La vitamine C et la thiamine sont hydrosolubles et on en perd malheureusement une partie lorsqu'on fait cuire les petits pois. Il est donc préférable de les manger crus pour garder leur valeur nutritive intacte.

Les graines germées

Les germes de haricot et les autres pousses fraîches sont de véritables mines de nutriments. Dès que la germination est amorcée, leur teneur en nutriments naturels augmente considérablement pour répondre aux besoins des jeunes pousses. Voilà une excellente façon d'ajouter des protéines aux salades tout en profitant d'un large éventail de vitamines et de minéraux antioxydants qui sont bénéfiques au système immunitaire. Pendant la germination, l'augmentation du nombre d'enzymes végétales facilite la digestion. Appréciez la fraîcheur et les magnifiques couleurs des pousses fraîches (luzerne, brocoli, betterave, haricot adzuki, trèfle rouge, etc.) en garnissant vos salades à coût peu élevé. Les enfants âgés de moins de cinq ans, les femmes enceintes, les personnes âgées et celles dont le système immunitaire est affaibli sont particulièrement vulnérables aux bactéries présentes sur les jeunes pousses. Ces personnes devraient donc éviter de consommer des pousses crues et manger uniquement des pousses qui ont été cuites suffisamment. Vous trouverez des pousses fraîches dans les magasins d'alimentation naturelle et la plupart des supermarchés, mais vous pouvez aussi acheter le matériel requis pour faire germer des graines à la maison. Prenez soin de suivre les instructions du fabricant et n'oubliez pas de bien laver les pousses avant de les consommer.

Salade multicéréale

Par portion : 384 calories
Lipides : 17,6 g • Gras saturés : 3 g • Protéines : 9,8 g • Glucides : 45 g • Fibres : 8 g

Les fibres solubles sont composées de pectines, de gommes et de mucilages qui se lient au cholestérol pour l'éliminer de notre organisme. C'est pourquoi il est bon de consommer régulièrement des céréales et des aliments complets comme le riz sauvage, le boulgour et le quinoa.

4 portions

* 750 ml (3 tasses) de bouillon de légumes
* 40 g (¼ tasse) de riz sauvage
* 115 g (¾ tasse) de boulgour
* 125 g (⅔ tasse) de quinoa
* 4 c. à soupe d'huile d'olive
* 2 courgettes, coupées en tranches sur la longueur
* 4 oignons verts, coupés en deux sur la longueur
* Le jus de ½ citron
* 1 c. à café de graines de cumin, broyées grossièrement
* 30 g (½ tasse) de persil plat frais, haché grossièrement
* 60 g (1 ½ tasse) de pousses de luzerne ou de radis (ou autres pousses fraîches)
* Sel et poivre

Vinaigrette

* Le zeste râpé finement et le jus de ½ citron bio
* Le zeste râpé finement et le jus de 1 lime
* 1 c. à café de miel

Préparation

Verser le bouillon dans une casserole et porter à ébullition. Ajouter le riz et laisser mijoter 5 minutes. Ajouter le boulgour et laisser mijoter 5 minutes. Ajouter le quinoa et laisser mijoter de 10 à 12 minutes (ou selon les indications inscrites sur l'emballage), jusqu'à ce que tous les grains soient tendres. Égoutter et réserver dans un grand bol. Jeter le surplus de bouillon.

Vinaigrette : déposer les zestes et les jus d'agrumes dans un bocal muni d'un couvercle. Ajouter 2 c. à soupe d'huile d'olive, du sel et du poivre. Fermer avec soin et secouer vigoureusement. Verser sur les céréales et remuer délicatement. Laisser refroidir.

Entre-temps, mélanger les courgettes et les oignons verts avec le reste d'huile d'olive, le jus de citron et le cumin. Saler et poivrer légèrement.

Chauffer une poêle à fond cannelé à feu vif. Faire griller les courgettes et les oignons verts de 1 à 2 minutes de chaque côté. Laisser refroidir dans une assiette. Répartir les céréales dans des assiettes et couvrir de légumes grillés. Garnir de persil et de pousses fraîches.

Capsule santé

Les fibres solubles stabilisent la glycémie en ralentissant l'assimilation du glucose par l'organisme, ce qui contribue à prévenir les baisses d'énergie et les sautes d'humeur.

Minceur

Salade de riz à la dinde

Par portion : 327 calories
Lipides : 2,6 g • Gras saturés : 0,6 g • Protéines : 22,5 g • Glucides : 53,3 g • Fibres : 4,2 g

Les saveurs de l'Action de grâces sont rassemblées dans cette salade
idéale pour emporter au travail. Emballez la roquette séparément
afin qu'elle reste croquante jusqu'au midi.

4 portions

* 110 g (1 tasse) de riz brun
  à grains longs
* 40 g (¼ tasse) de riz sauvage
* 255 g (9 oz) de tranches de
  poitrine de dinde
* 45 g (⅓ tasse) de canneberges
  séchées
* 3 oignons verts, hachés finement
* 2 tomates, en dés
* 1 petit poivron rouge,
  en morceaux
* 40 g (2 tasses) de roquette
* 45 g (1 ½ oz) de jambon maigre
  ultramince, en lanières
* Sel et poivre

Vinaigrette

* 1 ½ c. à soupe de sauce aux
  canneberges
* 1 ½ c. à soupe de vinaigre
  de xérès
* Le zeste râpé finement et le jus
  de 1 petit citron bio
* 1 c. à café rase de moutarde
  de Dijon

Préparation

Remplir la partie inférieure d'une marmite à vapeur d'eau froide et porter à ébullition. Ajouter le riz brun et le riz sauvage et ramener à ébullition. Déposer la dinde en une seule couche dans le panier (partie supérieure) de la marmite. Saler et poivrer au goût. Placer dans le récipient inférieur, couvrir et cuire à la vapeur 15 minutes ou jusqu'à tendreté. Couper une tranche en deux pour s'assurer que la chair n'est plus rosée et que les jus sont clairs et très chauds. Retirer le panier et poursuivre la cuisson du riz de 5 à 10 minutes (ou selon les indications inscrites sur l'emballage), jusqu'à ce qu'il soit tendre.

Couper la dinde en dés et déposer dans un bol. Ajouter les canneberges. Égoutter et rincer le riz, puis le déposer dans le bol.

Vinaigrette : dans une petite casserole, à feu doux, faire fondre légèrement la sauce aux canneberges. Retirer du feu, puis ajouter le vinaigre, le zeste et le jus de citron, la moutarde, du sel et du poivre. Mélanger au fouet jusqu'à consistance lisse. Verser sur la salade et laisser refroidir.

Garnir la salade d'oignons verts, de tomates et de poivron. Remuer délicatement et servir dans des assiettes. Garnir de roquette et de jambon. Servir sans attendre.

Salade de bœuf, sauce Mille-Îles

Par portion : 287 calories

Lipides : 8 g • Gras saturés : 2,8 g • Protéines : 35,7 g • Glucides : 18,4 g • Fibres : 4,6 g

La sauce à salade Mille-Îles est plus légère que la mayonnaise
utilisée habituellement pour ce type de salade.

4 portions

* 3 tranches de pain de blé entier parsemé de graines, en cubes
* Enduit à cuisson pauvre en matière grasse
* 195 g (1 tasse) de haricots verts, coupés en deux
* 180 g (2 tasses) de brocoli (tiges coupées en tranches et bouquets)
* 2 biftecks de filet de 250 g (8 oz) chacun (enlever le gras visible)
* ½ laitue iceberg (séparer et déchiqueter les feuilles)
* ½ concombre, coupé en deux sur la longueur, épépiné et coupé en tranches

Sauce Mille-Îles

* 260 g (1 tasse) de yogourt nature écrémé
* 2 c. à café de pâte de tomates
* 2 c. à café de sauce Worcestershire
* ½ c. à café d'édulcorant en poudre
* Sel et poivre

Préparation

Préchauffer le four à 200 °C (400 °F). Déposer le pain sur une plaque de cuisson à rebords élevés. Vaporiser légèrement d'enduit à cuisson et faire dorer au four de 8 à 10 minutes. Entre-temps, déposer les haricots et le brocoli dans le panier d'une marmite à vapeur. Placer le panier dans le récipient inférieur rempli d'eau en ébullition. Couvrir et cuire à la vapeur de 3 à 5 minutes ou jusqu'à ce qu'ils soient tendres. Rincer à l'eau froide.

Sauce Mille-Îles : dans un bol, mélanger tous les ingrédients.

Chauffer une poêle à fond cannelé à feu vif. Vaporiser la viande d'enduit à cuisson. Saler et poivrer au goût. Cuire 2 minutes de chaque côté (mi-saignant), 3 minutes de chaque côté (à point) ou 4 minutes de chaque côté (bien cuit). Réserver dans une assiette. Déposer la laitue, le concombre et les légumes cuits dans un bol. Verser la sauce à salade et remuer. Garnir de croûtons et répartir dans des bols. Couper la viande en tranches fines et disposer sur la salade.

Capsule santé

Comme le lait fermenté, le yogourt est une source naturelle de probiotiques bénéfiques au système immunitaire et au tube digestif. Des études ont démontré qu'une consommation régulière de probiotiques pouvait améliorer les taux de cholestérol sanguin.

Salade de poulet indienne

Par portion : 257 calories
Lipides : 6,5 g • Gras saturés : 1,5 g • Protéines : 42 g • Glucides : 7,5 g • Fibres : 1,5 g

La sauce à base de yogourt épicé est pauvre en matière grasse
mais remplie de saveur.

4 portions

* 90 g (3 oz) de feuilles de moutarde
  de différentes couleurs
* 120 g (2 tasses) de mesclun
* ½ concombre, en tranches fines
* 10 g (½ tasse) de coriandre
  fraîche, hachée grossièrement

Poulet épicé

* 260 g (1 tasse) de yogourt nature
  écrémé
* 1 c. à café de graines de cumin,
  broyées grossièrement
* 1 c. à café de garam masala
* ½ c. à café de curcuma moulu
* 1 gousse d'ail, hachée finement
* 2 c. à soupe de coriandre fraîche,
  hachée finement
* 500 g (1 lb) de poitrines de poulet
  désossées et sans peau, en cubes
* Sel et poivre

Vinaigrette

* 1 c. à soupe d'huile d'olive
* ½ c. à café de graines de cumin,
  broyées grossièrement
* ½ c. à café de flocons de piment
* Le jus de 1 citron
* ½ c. à café d'édulcorant en poudre

Préparation

Poulet épicé : dans un bol, mélanger le yogourt avec les
épices, l'ail, la coriandre et un peu de sel et de poivre.
Ajouter le poulet et remuer délicatement en prenant soin
de l'enrober entièrement. Couvrir et réfrigérer 1 heure.

Vinaigrette : verser l'huile d'olive dans une poêle et
saupoudrer de cumin et de flocons de piment. Chauffer
à feu moyen de 1 à 2 minutes, jusqu'à ce que les épices
libèrent leurs arômes. Retirer du feu. Ajouter le jus de
citron, incorporer l'édulcorant et laisser refroidir.

Juste avant de servir, dresser les feuilles de moutarde et
le mesclun dans un grand bol. Ajouter le concombre et la
coriandre. Préchauffer le gril à température moyenne-
élevée. Enfiler les cubes de poulet sur huit brochettes
métalliques et faire griller de 12 à 15 minutes, en les
retournant souvent. Couper un cube en deux pour
s'assurer que la chair n'est plus rosée et que les jus sont
clairs et très chauds. Verser la vinaigrette sur la salade.
Retirer les cubes de poulet des brochettes et les disposer
aussitôt sur la salade.

Salade de poulet indienne
page 121

Salade de bœuf, sauce Mille-Îles
page 120

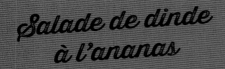

Salade de dinde à l'ananas

La magie des Antilles ne manquera pas de faire bon effet grâce à cette salade pauvre en matière grasse et en calories.

4 portions

* 1 laitue Boston (séparer et déchiqueter les feuilles)
* Le jus de 1 lime
* La chair de 1 petit ananas, en petits quartiers
* 500 g (1 lb) de tranches de poitrine de dinde
* 2 c. à soupe de vinaigre de xérès
* 1 c. à soupe de pâte de tomates
* Les feuilles de 3 brins de thym frais
* Enduit à cuisson pauvre en matière grasse
* Sel et poivre

Salsa

* La chair de 1 petite mangue, en dés
* 1 petit poivron rouge, haché
* 2 oignons verts, hachés finement
* Le zeste râpé finement de 1 lime
* Le jus de ½ lime

Épices jamaïcaines

* 1 c. à café de piment de la Jamaïque moulu
* 1 c. à café de paprika
* 1 c. à café de flocons de piment
* Le jus de ½ lime

Préparation

Salsa : déposer la mangue, le poivron et les oignons verts dans un bol. Incorporer le zeste et le jus de lime. Saler et poivrer légèrement.

Déposer la laitue dans un grand bol. Ajouter le jus de 1 lime et un peu de sel et de poivre. Remuer.

Épices jamaïcaines : dans un bol, mélanger tous les ingrédients avec une pincée de sel.

Préchauffer le gril à température élevée. Déposer l'ananas en une seule couche sur une plaque de cuisson à rebords élevés. Saupoudrer légèrement du mélange d'épices. Faire griller légèrement de 2 à 3 minutes et réserver dans une assiette.

Déposer la dinde sur la grille d'une lèchefrite. Mélanger le reste du mélange d'épices avec le vinaigre, la pâte de tomates et le thym, puis étaler sur la volaille. Vaporiser d'enduit à cuisson et faire griller au four de 12 à 15 minutes en retournant et en badigeonnant des jus de cuisson à mi-cuisson. Couper une tranche en deux pour s'assurer que la chair n'est plus rosée et que les jus sont clairs et très chauds. Couper en lanières fines.

Déposer l'ananas chaud sur la laitue. Disposer les tranches de dinde sur le dessus et garnir de salsa. Servir dans des assiettes.

Par portion : 217 calories • Lipides : 2,2 g • Gras saturés : 0,5 g
Protéines : 28,3 g • Glucides : 22 g • Fibres : 3,3 g

Salade Cobb

Par portion : 270 calories
Lipides : 14,6 g • Gras saturés : 4,7 g • Protéines : 27 g • Glucides : 8,2 g • Fibres : 4 g

Servez cette salade hypocalorique comme entrée
d'un menu santé ou pour le repas du midi.

4 portions

* 2 œufs
* Enduit à cuisson pauvre en matière grasse
* 4 lanières de bacon de dinde, en dés
* 2 laitues romaines (séparer et déchiqueter les feuilles)
* 2 tomates, en quartiers
* 335 g (1 ⅔ tasse) de poitrines de poulet désossées et sans peau, cuites et coupées en dés
* 50 g (⅓ tasse) de fromage bleu, émietté

Vinaigrette

* 2 c. à soupe de vinaigre balsamique
* 1 c. à café de moutarde de Dijon
* 2 c. à soupe d'huile d'olive
* ¼ c. à café de sel
* ¼ c. à café de poivre

Préparation

Dans un bol, mélanger au fouet tous les ingrédients de la vinaigrette.

Mettre les œufs dans une casserole et couvrir d'eau froide. Porter à ébullition, baisser le feu et laisser mijoter 8 minutes. Égoutter immédiatement et rincer rapidement à l'eau froide. Écaler les œufs, puis hacher les blancs (réserver les jaunes pour un autre usage).

Dans une poêle vaporisée d'enduit à cuisson, à feu moyen-vif, cuire le bacon de 2 à 3 minutes ou jusqu'à ce qu'il soit légèrement doré et croustillant.

Mélanger délicatement la laitue et les tomates dans un bol. Verser juste assez de vinaigrette pour les enrober. Servir dans des assiettes et garnir de poulet, de bacon, de fromage et de blancs d'œufs. Arroser du reste de la vinaigrette et servir immédiatement.

Salade de poulet vietnamienne

Par portion : 267 calories
Lipides : 7 g • Gras saturés : 2 g • Protéines : 37 g • Glucides : 13,8 g • Fibres : 3,8 g

On remplace l'huile de cette vinaigrette par un délicieux bouillon de poulet maison parfumé au jus de lime.

4 portions

* 2 carottes
* 1 courgette
* 115 g (1 ½ tasse) de germes de haricot
* 2 laitues Boston, en tranches épaisses
* 10 g (½ tasse) de coriandre fraîche, hachée grossièrement

Poulet

* 1 poulet entier prêt à cuire de 1 kg (2 lb)
* 2 tiges de citronnelle, coupées en deux sur la longueur
* 1 branche de céleri, en tranches
* 1 oignon, en quartiers
* 2 carottes, en rondelles
* 1,2 litre (5 tasses) d'eau froide
* 2 c. à soupe de sauce soya

Vinaigrette

* Le zeste râpé finement et le jus de ½ lime
* 1 piment rouge, épépiné et haché finement
* 2 c. à café de sauce de poisson (nuoc-mâm)

Préparation

Déposer le poulet dans une casserole profonde un peu plus grosse que celui-ci, poitrine vers le fond. Ajouter la citronnelle, le céleri, l'oignon et les carottes. Verser l'eau en veillant à ce qu'elle recouvre entièrement la volaille, puis ajouter la sauce soya. Porter à ébullition, couvrir et laisser mijoter 1 heure ou jusqu'à ce que le poulet soit tendre. Le sortir de la casserole. À l'aide d'un couteau pointu, piquer la chair entre le pilon et la cuisse dans la partie la plus épaisse. La chair ne doit plus être rosée et les jus doivent être clairs et très chauds. Couvrir et laisser refroidir. Laisser réduire le bouillon à feu moyen-doux de 30 à 45 minutes ou jusqu'à ce qu'il n'en reste plus que 250 ml (1 tasse). Filtrer et laisser refroidir.

À l'aide d'un couteau-éplucheur, couper les carottes et les courgettes en rubans longs et minces. Déposer dans un bol et mélanger avec les germes de haricot, la laitue et la coriandre.

Vinaigrette : dégraisser le bouillon de poulet et verser 160 ml (⅔ tasse) dans un grand bol. Mélanger avec le zeste et le jus de lime, le piment et la sauce de poisson. Désosser la volaille, puis la couper en lanières fines (jeter la peau et les os). Mélanger avec la vinaigrette. Répartir la salade dans des assiettes. Garnir de poulet et servir.

Capsule santé

La chair du poulet contient peu de calories, mais il est préférable de jeter la peau si l'on doit calculer sa consommation calorique quotidienne. On dégraisse aussi le bouillon pour réduire la quantité de matière grasse.

Salade de riz au thon

Par portion : 334 calories

Lipides : 0,8 g • Gras saturés : 0,1 g • Protéines : 21 g • Glucides : 60 g • Fibres : 2,9 g

Cette salade nourrissante regorge de fibres et de protéines.

4 portions

* 55 g (⅓ tasse) de riz sauvage
* 195 g (1 tasse) de riz blanc à grains longs
* ¼ concombre, en dés
* 80 g (1 tasse) de champignons de Paris, en quartiers
* 10 g (½ tasse) de coriandre fraîche, hachée grossièrement
* 1 boîte de 170 g de thon à chair pâle conservé dans l'eau, égoutté et effeuillé (donne 120 g)
* 8 pointes d'asperge, parées
* 35 g (½ tasse) de pois mange-tout, en lanières fines

Vinaigrette

* Le zeste râpé finement et le jus de 1 lime
* 1 morceau de gingembre de 2 cm (¾ po), pelé et râpé finement
* 3 c. à soupe de sauce soya légère
* 2 c. à soupe de sauce chili sucrée

Préparation

Déposer le riz sauvage dans une casserole d'eau bouillante. Ramener à ébullition et laisser mijoter à découvert 10 minutes. Ajouter le riz blanc et cuire de 8 à 10 minutes (ou selon les indications inscrites sur l'emballage), jusqu'à ce que tous les grains soient tendres. Égoutter et rincer. Égoutter de nouveau et déposer dans un grand bol.

Mélanger délicatement le riz avec le concombre, les champignons et la coriandre, puis ajouter le thon.

Dans un petit bol, mélanger tous les ingrédients de la vinaigrette au fouet jusqu'à consistance lisse. Verser sur la salade et remuer délicatement.

Déposer une pointe d'asperge sur une planche à découper. À l'aide d'un couteau-éplucheur, la couper entièrement en rubans longs et minces. Faire de même avec les autres asperges.

Répartir la salade dans des assiettes. Garnir de mange-tout et d'asperges. Servir immédiatement.

Salade de saumon fumé et d'asperges

Par portion : 135 calories
Lipides : 3,7 g • Gras saturés : 0,8 g • Protéines : 19,5 g • Glucides : 7 g • Fibres : 3,4 g

Utilisez de préférence du crabe frais ou surgelé, sinon celui en boîte fera aussi l'affaire.

4 portions

* 16 pointes d'asperge, parées
* 1 laitue Boston (séparer et déchiqueter les feuilles)
* 1 laitue Boston tachetée de rouge ou 1 laitue lollo rosso (séparer et déchiqueter les feuilles)
* 200 g (7 oz) de tranches de saumon fumé, en lanières
* 130 g (4 ½ oz) de chair de crabe blanche, cuite
* 1 pincée de paprika

Sauce à salade

* 2 c. à soupe de crème sure écrémée
* 2 c. à soupe de chair de crabe foncée, cuite
* 1 pincée de macis moulu (facultatif)
* Le jus de 1 citron
* Sel et poivre

Préparation

Déposer les asperges dans le panier d'une marmite à vapeur et le placer dans le récipient inférieur rempli d'eau en ébullition. Cuire à la vapeur de 4 à 5 minutes ou jusqu'à ce qu'elles soient tendres.

Déposer les laitues dans un grand bol. Couvrir de saumon fumé et parsemer de chair de crabe blanche.

Sauce à salade : dans un petit bol, mélanger au fouet la crème sure, la chair de crabe foncée et le macis jusqu'à consistance lisse. Incorporer peu à peu le jus de citron, puis saler et poivrer légèrement.

Répartir la salade dans des assiettes. Disposer les asperges sur le dessus et arroser de sauce à salade. Saupoudrer de paprika et servir.

Capsule santé

Le crabe et les autres fruits de mer sont de bonnes sources de sélénium, un oligo-élément qui agit de concert avec la vitamine E pour assurer la croissance, la production hormonale, la fonction hépatique et la fertilité. Ses vertus antioxydantes aideraient à atténuer les méfaits des graisses oxydées qui jouent un rôle dans la croissance des tumeurs cancéreuses.

Salade niçoise légère

Cette recette contient plus de calories que les autres de ce chapitre, car elle est suffisamment nourrissante pour être servie comme repas principal. On met peu d'huile dans la vinaigrette pour réduire sa valeur calorique.

4 portions

* 400 g (2 ½ tasses) de petites pommes de terre nouvelles, en tranches épaisses
* 180 g (2 tasses) de brocoli (tiges coupées en tranches et bouquets)
* 290 g (1 ½ tasse) de haricots verts, coupés en deux
* 2 cœurs de laitues romaines (séparer les feuilles et couper les plus grosses)
* 3 tomates, en dés
* ½ concombre, coupé en deux sur la longueur, épépiné et coupé en dés
* ½ oignon rouge, en tranches fines
* 105 g (¾ tasse) d'olives noires mûres, dénoyautées
* 2 c. à soupe de persil plat frais, haché grossièrement
* 12 œufs de caille
* 2 darnes de thon de 250 g (8 oz) chacune
* Enduit à cuisson (peu gras)
* Sel et poivre

Vinaigrette

* Le jus de 1 citron
* 2 c. à soupe d'huile d'olive
* 3 c. à soupe de vinaigre balsamique

Préparation

Déposer les pommes de terre dans le panier d'une marmite à vapeur et le placer dans le récipient inférieur rempli d'eau en ébullition. Cuire à la vapeur de 6 à 8 minutes ou jusqu'à ce qu'elles soient tendres. Déposer le brocoli et les haricots dans l'eau bouillonnante et cuire 2 minutes ou jusqu'à ce qu'ils soient tendres. Égoutter et laisser refroidir.

Vinaigrette : déposer tous les ingrédients dans un bocal muni d'un couvercle. Saler et poivrer légèrement. Fermer avec soin et secouer vigoureusement.

Déposer la laitue dans un grand bol. Ajouter les tomates, le concombre, l'oignon, les olives et le persil. Ajouter les pommes de terre, le brocoli et les haricots. Verser la vinaigrette et remuer délicatement.

Cuire les œufs en suivant les indications inscrites sur l'emballage. Égoutter et rincer à l'eau froide. Chauffer une poêle à fond cannelé à feu vif. Vaporiser le thon d'enduit à cuisson, puis saler et poivrer au goût. Cuire 1 ½ minute de chaque côté (saignant) ou 2 ½ minutes de chaque côté (à point) en utilisant plus d'enduit à cuisson au besoin. Couper en tranches fines.

Répartir la salade dans des assiettes. Écaler les œufs, les couper en deux et les déposer sur chaque portion. Garnir de thon et servir.

Par portion : 387 calories • Lipides : 13,8 g • Gras saturés : 2,6 g
Protéines : 33,7 g • Glucides : 33,9 g • Fibres : 8 g

Salade de crevettes

Par portion : 226 calories
Lipides : 9 g • Gras saturés : 1,3 g • Protéines : 19,6 g • Glucides : 19,5 g • Fibres : 5 g

Les lanières de tortillas créent un contraste savoureux
avec les crevettes et la laitue.

4 portions

* 2 tortillas de maïs
* Enduit à cuisson pauvre en matière grasse
* 1 petite laitue romaine, hachée
* 1 concombre, en tranches fines
* 160 g (1 tasse) de maïs en grains, décongelé
* 2 tomates, en demi-quartiers
* 500 g (1 lb) de crevettes, cuites et décortiquées (faire décongeler si elles sont surgelées)

Vinaigrette

* 2 c. à soupe d'huile d'olive
* 2 c. à soupe de jus de lime
* 1 gousse d'ail, hachée finement
* ½ c. à café de cumin moulu
* ½ c. à café de sel
* 1 c. à soupe d'oignon rouge, haché finement
* 1 c. à soupe de coriandre fraîche, hachée finement

Préparation

Vaporiser les tortillas d'enduit à cuisson de chaque côté, puis les couper en deux. Couper les moitiés en lanières de 5 mm (¼ po) de largeur. Déposer sur la plaque en une seule couche et faire dorer légèrement au four 10 minutes ou jusqu'à ce qu'elles soient croustillantes. Laisser refroidir sur la plaque.

Vinaigrette : déposer l'huile d'olive, le jus de lime, l'ail, le cumin et le sel dans un bol. Émulsionner au fouet, puis ajouter l'oignon et la coriandre.

Dans un grand bol, mélanger délicatement la laitue, le concombre, le maïs et les tomates. Ajouter plusieurs cuillerées de vinaigrette et remuer. Répartir la salade dans des assiettes. Disposer les crevettes sur le dessus et arroser du reste de la vinaigrette. Garnir de lanières de tortillas et servir immédiatement.

Capsule santé

La crevette est hypocalorique en plus d'être une excellente source de sélénium et d'astaxanthine, un pigment antioxydant aux propriétés anti-inflammatoires.

Salade de haricots verts

Par portion : 249 calories
Lipides : 21 g • Gras saturés : 5,1 g • Protéines : 5,1 g • Glucides : 11,8 g • Fibres : 3,6 g

Le goût salé du fromage feta se marie bien avec les légumes.

4 portions

* 680 g (3 ½ tasses) de haricots verts, parés
* 1 oignon rouge, haché finement
* 3 c. à soupe de coriandre fraîche, hachée finement
* 2 radis, en tranches fines
* 80 g (½ tasse) de fromage feta, émietté
* 1 c. à café d'origan frais, haché finement, ou ½ c. à café d'origan séché
* 2 c. à soupe de vinaigre de vin rouge
* 80 ml (⅓ tasse) d'huile d'olive extra vierge
* 2 tomates, en quartiers
* Poivre

Préparation

Porter une casserole d'eau à ébullition. Ajouter les haricots et ramener à ébullition. Laisser bouillir 5 minutes ou jusqu'à ce qu'ils soient tendres. Égoutter, rincer à l'eau froide et égoutter de nouveau.

Couper les haricots en deux et déposer dans un grand bol. Ajouter l'oignon, la coriandre, les radis et le fromage feta. Parsemer d'origan, puis poivrer au goût.

Dans un bol, mélanger au fouet le vinaigre et l'huile d'olive. Verser sur la salade. Ajouter les tomates et remuer délicatement.

Capsule santé

Le haricot vert est une bonne source de micronutriments, de vitamines et de minéraux. Il est exempt de cholestérol et riche en fibres bénéfiques pour le côlon. Sa teneur en fibres solubles aide à ralentir le métabolisme des glucides, contribuant ainsi à réguler la glycémie.

Confettis de légumes et spirales d'omelette

Par portion : 378 calories

Lipides : 12,6 g • Gras saturés : 3,4 g • Protéines : 16,8 g • Glucides : 48 g • Fibres : 6,6 g

Cette salade contient peu de calories. Elle se conserve bien au réfrigérateur.

4 portions

* 930 ml (3 ¾ tasses) de bouillon de légumes
* 255 g (1 ⅓ tasse) de quinoa
* 1 courgette, râpée grossièrement
* 1 carotte, râpée grossièrement
* 3 petites betteraves crues, râpées grossièrement

Vinaigrette

* 2 c. à soupe de sauce soya légère
* Le zeste râpé finement et le jus de 1 citron bio
* 10 g (½ tasse) de coriandre fraîche, hachée finement
* Poivre

Omelettes

* 4 œufs
* 1 petit piment rouge, épépiné et haché finement
* 2 c. à soupe de coriandre fraîche, hachée grossièrement
* 2 c. à soupe d'eau
* 2 c. à café d'huile de tournesol

Préparation

Dans une casserole, porter le bouillon à ébullition. Ajouter le quinoa et laisser mijoter de 10 à 12 minutes ou jusqu'à ce que les germes se séparent des grains. Égoutter le quinoa et jeter le bouillon. Laisser refroidir dans un grand bol.

Vinaigrette : dans un petit bol, mélanger au fouet la sauce soya avec le zeste et le jus de citron. Incorporer la coriandre et un peu de poivre.

Déposer la courgette, la carotte et les betteraves dans le bol de quinoa. Verser la vinaigrette et remuer délicatement.

Casser les œufs dans un bol. Ajouter le piment, la coriandre, l'eau et un peu de poivre, puis battre au fouet. Dans une poêle, à feu moyen, chauffer 1 c. à café d'huile de tournesol. Verser la moitié des œufs et cuire de 4 à 5 minutes, en ramenant doucement la partie cuite vers le centre, jusqu'à ce que le dessous soit doré. Décoller doucement l'omelette à l'aide d'une spatule et la faire glisser sur une planche. Rouler et laisser refroidir 5 minutes. Faire l'autre omelette de la même façon. Couper en tranches fines et disposer sur la salade.

Capsule santé

La carotte est riche en bêtacarotène, un pigment qui se convertit en vitamine A dans l'organisme et qui a le pouvoir de nourrir la peau et de prévenir l'apparition des rides. Ses fibres solubles aident à réduire le cholestérol et ses caroténoïdes diminuent le risque de cardiopathie.

Salade de pommes de terre

Par portion : 145 calories
Lipides : 0,8 g • Gras saturés : 0,4 g • Protéines : 5,1 g • Glucides : 29 g • Fibres : 4,3 g

Pour obtenir une salade hypocalorique, on remplace la mayonnaise par une sauce au yogourt et aux fines herbes contenant très peu de matière grasse.

4 portions

* 750 g (4 ⅔ tasses) de petites pommes de terre nouvelles, en tranches épaisses
* 20 g (1 tasse) de roquette

Sauce à salade

* 170 g (⅔ tasse) de yogourt nature écrémé
* 1 c. à café de moutarde de Dijon
* ½ c. à café d'édulcorant en poudre
* 2 oignons verts, hachés finement
* 3 g (¼ tasse) d'aneth frais, haché grossièrement
* 60 g (1 tasse) de persil plat frais, haché finement
* Sel et poivre

Capsule santé

Les pommes de terre nouvelles cuites à la vapeur sont meilleures que celles qu'on fait bouillir, car la vitamine C présente dans la pelure n'est pas perdue dans l'eau de cuisson. Les pommes de terre renferment des vitamines B et des fibres ainsi que des glucides de digestion lente. Pauvres en matière grasse, elles fournissent une petite quantité de protéines.

Préparation

Déposer les pommes de terre dans le panier d'une marmite à vapeur et le placer dans le récipient inférieur rempli d'eau en ébullition. Cuire à la vapeur de 6 à 8 minutes ou jusqu'à ce qu'elles soient tendres. Laisser refroidir 10 minutes.

Entre-temps, verser le yogourt dans un grand bol. Incorporer la moutarde et l'édulcorant. Ajouter les oignons verts, l'aneth et le persil. Saler et poivrer généreusement, puis remuer de nouveau.

Mélanger délicatement les pommes de terre chaudes avec la sauce à salade. Laisser refroidir complètement. Servir dans des bols et garnir de roquette.

Salade de courgettes et d'épinards

Par portion : 75 calories
Lipides : 1,3 g • Gras saturés : 0,5 g • Protéines : 5,9 g • Glucides : 11,8 g • Fibres : 3,6 g

La sauce à base de yogourt écrémé est particulièrement bonne pour la santé.
Une préparation à la fois légère et rafraîchissante !

4 portions

* 2 courgettes, en bâtonnets
* 195 g (1 tasse) de haricots verts, en tronçons
* 1 poivron vert, en lanières
* 2 branches de céleri, en tranches
* 210 g (7 tasses) de jeunes épinards

Sauce à la salade

* 260 g (1 tasse) de yogourt nature écrémé
* 1 gousse d'ail, hachée finement
* 2 c. à soupe de menthe fraîche, hachée grossièrement
* Poivre

Préparation

Déposer les courgettes et les haricots dans une casserole d'eau bouillante. Ramener à ébullition et laisser mijoter 5 minutes ou jusqu'à ce qu'ils soient tendres. Égoutter et rincer. Égoutter de nouveau et laisser refroidir dans un bol.

Ajouter le poivron, le céleri et les épinards (déchiqueter les grosses feuilles). Poivrer au goût.

Dans un bol, mélanger le yogourt avec l'ail, la menthe et un peu de poivre. Verser sur la salade et servir immédiatement.

Capsule santé

La consommation quotidienne de 105 g (3 ½ tasses) d'épinards comble 25 % de nos besoins en fer. Ce légume est aussi bien pourvu en fibres solubles, en vitamines A, B_6 et C, de même qu'en potassium, manganèse, magnésium, cuivre et zinc. Cette véritable mine de nutriments est aussi une bonne source d'acides gras oméga-3.

Le brocoli

Les organismes de santé ne cessent de vanter les vertus du brocoli, un légume essentiel grâce à sa teneur en indoles et en sulforaphane (un composé du groupe des isothiocyanates). Ces phytochimiques puissants renforceraient un groupe d'enzymes qui aident à combattre certains agents responsables du cancer, particulièrement dans le cas de la prostate. Le brocoli est aussi une bonne source de bêtacarotènes et de vitamine C aux propriétés antioxydantes. Plus les bouquets sont foncés et plus ils renferment de vitamines.

Il est recommandé de les cuire à la vapeur plutôt que de les faire bouillir afin de préserver le maximum de vitamine C. Ce légume est aussi bien pourvu en acide folique (nécessaire aux femmes qui souhaitent être enceintes), en fer et en potassium. Il est une source précieuse de calcium pour ceux qui ne consomment pas de produits laitiers et ses fibres solubles aident à éliminer le cholestérol de l'organisme. Encouragez les membres de votre famille à manger davantage de brocoli.

Salade de roquette au yogourt

Par portion : 122 calories
Lipides : 7,6 g • Gras saturés : 1,3 g • Protéines : 3,8 g • Glucides : 10,7 g • Fibres : 2,3 g

Idéale avec de la viande ou du poisson, cette salade
constitue aussi un excellent repas du midi.

4 portions

* ½ concombre, en tranches fines
* 6 oignons verts,
  hachés finement
* 1 tomate, en tranches
* 1 poivron jaune, en lanières
* 2 branches de céleri,
  en tranches fines
* 4 radis, en tranches fines
* 60 g (3 tasses) de roquette

Sauce à salade

* 2 c. à soupe de jus de citron
* 1 gousse d'ail, broyée
* 170 g (⅔ tasse) de yogourt
  nature écrémé
* 2 c. à soupe d'huile d'olive
* Sel et poivre

Préparation

Dans un grand bol, déposer tous les légumes et la roquette.

Dans un petit bol, mélanger tous les ingrédients de la sauce
à salade.

Verser la sauce sur la salade et remuer délicatement.
Servir immédiatement

Capsule santé

La roquette est riche en acide
folique et en vitamines A et B.
Elle est aussi une bonne source de
vitamine K et contient des minéraux,
notamment du fer, du manganèse,
du potassium, du calcium
et du phosphore.

Méli-mélo de haricots

Par portion : 290 calories

Lipides : 16,8 g • Gras saturés : 5,8 g • Protéines : 12,3 g • Glucides : 23,5 g • Fibres : 7,2 g

Une petite quantité de noix de cajou et de fromage feta donne
une texture crémeuse et croquante à cette salade.

4 portions

* 180 g (3 tasses) de mesclun
  (ex. : mélange d'épinards, de
  roquette et de chicorée frisée)
* ½ oignon rouge, coupé en tranches
  fines puis en demi-rondelles
* 10 radis, en tranches fines
* 6 tomates cerises, coupées
  en deux
* 55 g (⅓ tasse) de betteraves,
  cuites, égouttées et coupées en dés
* 3 c. à soupe de canneberges
  séchées
* 210 g (¾ tasse) de gros haricots
  blancs en conserve, rincés et
  égouttés
* 135 g (½ tasse) de haricots rouges
  en conserve, rincés et égouttés
* 210 g (¾ tasse) de haricots Great
  Northern en conserve (ou de
  gourganes), rincés et égouttés
* 35 g (¼ tasse) de noix de cajou,
  grillées
* 120 g (¾ tasse) de fromage feta,
  émietté

Vinaigrette

* 2 c. à soupe d'huile d'olive
  extra vierge
* ½ c. à café de moutarde de Dijon
* 1 c. à soupe de jus de citron
* 1 c. à soupe de coriandre fraîche,
  hachée grossièrement
* Sel et poivre

Préparation

Mettre le mesclun dans un grand bol. Dans un autre bol, déposer l'oignon, les radis, les tomates, les betteraves, les canneberges et tous les haricots.

Mettre tous les ingrédients de la vinaigrette dans un bocal muni d'un couvercle. Fermer avec soin et secouer vigoureusement. Verser sur la préparation de haricots et remuer délicatement. À l'aide d'une cuillère, déposer la préparation de haricots sur le mesclun.

Servir dans des bols et parsemer de noix et de fromage feta.

Capsule santé

La noix de cajou renferme moins de matière grasse que les autres noix et il s'agit principalement d'acides gras insaturés. Sa teneur élevée en antioxydants serait en partie responsable de ses bienfaits protecteurs pour le cœur.

Sandwichs roulés

Par portion : 298 calories
Lipides : 15,4 g • Gras saturés : 2,5 g • Protéines : 7,3 g • Glucides : 32,3 g • Fibres : 4,5 g

Ces sandwichs d'inspiration méditerranéenne
plaisent autant aux enfants qu'aux adultes.

4 portions

* 1 petite courgette, en tranches épaisses
* 1 poivron rouge, en morceaux
* 1 c. à soupe d'huile d'olive
* 80 ml (⅓ tasse) de pâte de tomates
* 4 pains plats souples
* 90 g (3 tasses) de jeunes épinards, en filaments
* 4 cœurs d'artichaut conservés dans l'huile, égouttés et coupés en quartiers
* 8 tomates séchées conservées dans l'huile, égouttées et coupées en quartiers
* 16 olives noires mûres, coupées en deux
* 50 g (1 ¼ tasse) de feuilles de basilic frais, déchiquetées

Préparation

Préchauffer le four à 190 °C (375 °F). Déposer la courgette et le poivron en une seule couche sur une plaque de cuisson à rebords élevés. Arroser d'huile d'olive et remuer. Faire dorer légèrement au four 20 minutes ou jusqu'à ce qu'ils soient tendres.

Entre-temps, étaler une fine couche de pâte de tomates sur les pains plats. Couvrir d'épinards.

Dans un bol, mélanger les légumes grillés, les artichauts, les tomates séchées, les olives et le basilic. Répartir sur les pains et rouler en emprisonnant bien la garniture. Couper en deux et servir.

Capsule santé

L'artichaut est une bonne source de fibres. Il contient aussi des quantités intéressantes d'acide folique, de vitamines B, C et K et de minéraux dont le cuivre, le calcium, le manganèse, le phosphore et le fer.

Salade du potager

Par portion : 124 calories

Lipides : 7,3 g • Gras saturés : 0,5 g • Protéines : 5,8 g • Glucides : 17,8 g • Fibres : 8,3 g

Servez cette salade telle quelle ou garnissez-la de poisson ou de poulet cuit sous le gril.

4 portions

* 975 g (5 tasses) de haricots verts ou de haricots d'Espagne, en tronçons
* 3 tomates, en dés
* 2 laitues Boston (séparer les feuilles)
* 40 g (½ tasse) de menthe fraîche, hachée finement
* 30 g (½ tasse) de ciboulette fraîche, ciselée grossièrement

Vinaigrette

* 2 c. à café d'huile d'olive
* 1 oignon rouge, haché finement
* 2 gousses d'ail, hachées finement
* 4 tomates, en dés
* 1 c. à café de paprika fumé fort
* 3 c. à soupe de vinaigre de xérès
* Sel et poivre

Préparation

Déposer les haricots dans une casserole d'eau bouillante. Ramener à ébullition et laisser mijoter de 3 à 4 minutes pour les attendrir. Égoutter et rincer à l'eau froide. Égoutter de nouveau et laisser refroidir.

Vinaigrette : dans une casserole, à feu moyen-doux, chauffer l'huile d'olive et faire sauter l'oignon 5 minutes pour l'attendrir. Ajouter l'ail, les tomates et le paprika, puis le vinaigre. Saler et poivrer généreusement. Couvrir et laisser mijoter 5 minutes, jusqu'à ce que les tomates soient tendres et réduites en sauce. Laisser refroidir dans un grand bol.

Verser la vinaigrette sur les haricots et remuer délicatement. Ajouter les tomates crues, la laitue, la menthe et la ciboulette. Remuer délicatement et servir.

Capsule santé

Les vitamines A, C et E de même que le zinc et le sélénium présents dans la tomate peuvent désarmer les radicaux libres produits par l'organisme lorsqu'il est soumis au stress. Le lycopène est un carotène qui donne à la tomate sa belle couleur rouge. Ce pigment peut aider à prévenir certains cancers en amenuisant les méfaits des radicaux libres.

Détox

Mesclun et chou rouge, trempette à l'aubergine

Par portion : 315 calories
Lipides : 16,7 g • Gras saturés : 1,6 g • Protéines : 7,3 g • Glucides : 38,6 g • Fibres : 13,4 g

La trempette a un goût de fumé extraordinaire grâce
aux aubergines grillées au four ou au barbecue.

4 portions

* 2 carottes
* 280 g (3 ¾ tasses) de chou rouge, en filaments
* 50 g (⅓ tasse) de raisins secs
* 270 g (4 ½ tasses) de mesclun (mélange de jeune bette à carde rouge et de mâche)
* Le jus de 1 orange
* Poivre

Trempette

* 3 aubergines
* 3 gousses d'ail, hachées finement
* 2 c. à soupe de tahini
* 3 c. à soupe d'huile de chanvre

Préparation

Trempette : préchauffer le gril du four à température élevée et retirer la grille de la lèchefrite. Piquer les aubergines aux deux extrémités à l'aide d'une fourchette et les déposer dans la lèchefrite. Faire griller à 5 cm (2 po) du gril pendant 15 à 20 minutes en les retournant plusieurs fois jusqu'à ce qu'elles soient noircies sur toutes les faces. Laisser refroidir.

À l'aide d'un couteau-éplucheur, couper les carottes en rubans longs et minces. Déposer dans une assiette, puis ajouter le chou, les raisins secs et le mesclun. Arroser de jus d'orange et poivrer légèrement.

Couper les aubergines en deux sur la longueur. Retirer la chair à l'aide d'une cuillère à soupe, puis la hacher finement. Dans un bol, mélanger la chair des aubergines avec l'ail, le tahini, l'huile de chanvre et un peu de poivre. Verser dans un bol propre, puis déposer celui-ci au centre de l'assiette de salade.

Capsule santé

La belle couleur du chou rouge indique qu'il est une véritable mine d'antioxydants, notamment de flavonoïdes associés à la protection contre le cancer et d'indoles reconnus pour réduire le risque de cancer du sein en altérant le métabolisme des œstrogènes.

Salade de chicorée frisée

Par portion : 200 calories
Lipides : 19,3 g • Gras saturés : 2,3 g • Protéines : 3 g • Glucides : 5,7 g • Fibres : 2,3 g

On peut nettoyer son organisme en mangeant simplement
des repas plus légers, comme cette belle salade détox.

4 portions

* ½ chicorée frisée (séparer et déchiqueter les feuilles)
* 1 cœur de laitue romaine (séparer et déchiqueter les feuilles)

Vinaigrette

* 60 g (½ tasse) de noix de Grenoble, en morceaux (briser les plus gros)
* 3 c. à soupe d'huile d'olive
* 1 c. à café de miel
* 1 c. à soupe de vinaigre de vin blanc
* 1 c. à café de moutarde de Dijon
* Poivre

Préparation

Vinaigrette : mettre les noix dans une poêle avec 1 c. à soupe d'huile d'olive. Faire griller légèrement à feu moyen, puis retirer du feu. Arroser de miel et remuer. (La chaleur résiduelle sera suffisante pour caraméliser légèrement les noix.)

Ajouter le reste de l'huile et remuer. Laisser refroidir 15 minutes. Dans un petit bol, mélanger avec soin le vinaigre et la moutarde avec un peu de poivre. Verser sur les noix et remuer.

Déposer la chicorée frisée et la romaine dans un grand bol. Arroser de vinaigrette et remuer délicatement.

Capsule santé

L'huile de noix est principalement composée d'acides gras polyinsaturés. Les noix sont riches en protéines et en fibres, et contiennent plusieurs acides aminés essentiels.

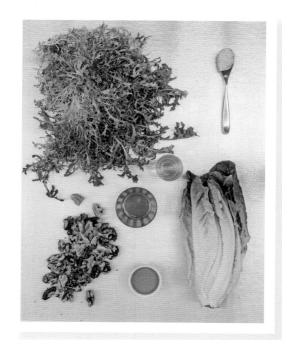

Salade gado-gado

Par portion : 255 calories
Lipides : 17,9 g • Gras saturés : 2,7 g • Protéines : 10,4 g • Glucides : 17,5 g • Fibres : 6,1 g

D'inspiration indonésienne, la vinaigrette aux arachides et à la sauce soya transforme de simples légumes en salade exotique.

4 portions

* ¼ chou-fleur, en petits bouquets
* 135 g (1 ½ tasse) de brocoli, en petits bouquets
* 75 g (1 tasse) de chou de Savoie, en filaments
* 115 g (1 ½ tasse) de germes de haricot
* 1 concombre, pelé, coupé en deux sur la longueur, épépiné et coupé en tranches épaisses
* 1 poivron rouge, haché finement

Vinaigrette

* 2 c. à soupe d'huile d'arachide
* 115 g (¾ tasse) d'arachides non salées, hachées finement
* 2 gousses d'ail, hachées finement
* 2 c. à soupe de sauce soya
* Le jus de 2 limes
* ½ piment rouge, épépiné et haché finement

Préparation

Dans un grand bol, déposer tous les légumes et remuer délicatement.

Dans une poêle, à feu moyen, chauffer 1 c. à soupe d'huile d'arachide et faire griller légèrement les arachides et l'ail de 2 à 3 minutes. Retirer du feu et incorporer la sauce soya, le jus de lime, le piment et le reste de l'huile. Laisser refroidir.

Au moment de servir, verser la vinaigrette sur la salade et remuer délicatement. Répartir dans des bols et servir immédiatement.

Capsule santé

Les germes de haricot mungo sont très appréciés en Chine et dans toute l'Asie. On peut s'en procurer à longueur d'année dans les supermarchés. Peu caloriques, ils remplacent admirablement le riz ou les nouilles dans les salades.

Salade arc-en-ciel

Par portion : 117 calories
Lipides : 8,8 g • Gras saturés : 0,8 g • Protéines : 4 g • Glucides : 7,4 g • Fibres : 1,7 g

Cette recette nous encourage à faire preuve d'originalité
au moment d'apprêter les légumes.

4 portions

* 1 c. à soupe d'huile de tournesol
* 35 g (¼ tasse) de graines
  de tournesol
* 2 c. à soupe de sauce soya
* 120 g (3 tasses) de feuilles
  de bette à carde arc-en-ciel,
  en filaments

Vinaigrette

* 1 c. à café de pâte de wasabi
* 1 c. à soupe de mirin
* Le jus de 1 petite orange
* Poivre

Préparation

Dans une poêle munie d'un couvercle, à feu moyen, chauffer l'huile de tournesol. Ajouter les graines de tournesol, couvrir et cuire de 2 à 3 minutes en secouant la casserole jusqu'à ce qu'elles commencent à éclater. Retirer du feu et ajouter la sauce soya. Remettre le couvercle et laisser refroidir.

Mettre tous les ingrédients de la vinaigrette dans un bocal muni d'un couvercle. Fermer avec soin et secouer vigoureusement.

Déposer la bette à carde dans un grand bol. Arroser de vinaigrette et remuer délicatement. Parsemer de graines de tournesol et servir.

Capsule santé

La graine de tournesol est une source intéressante de vitamine E (un puissant antioxydant) et d'acide linoléique (essentiel à la protection des membranes cellulaires). Faites-en griller plus que nécessaire pour vos goûters et conservez-les dans un pot gardé au réfrigérateur.

Salade de soba

Par portion : 370 calories
Lipides : 17,5 g • Gras saturés : 3,4 g • Protéines : 16 g • Glucides : 40 g • Fibres : 5,9 g

Cette salade d'inspiration japonaise est composée de nouilles de sarrasin, de brocoli riche en nutriments et d'edamames bourrés de protéines.

4 portions

* 155 g (5 ½ oz) de nouilles de sarrasin (soba)
* 215 g (1 ⅓ tasse) d'edamames surgelés
* 270 g (3 tasses) de brocoli (tiges coupées en tranches fines et petits bouquets)
* 1 poivron rouge, en lanières
* 1 poivron violet ou orange, en lanières
* 160 g (2 tasses) de champignons de Paris, en tranches fines
* 60 g (3 tasses) de pousses de tournesol (ou autres pousses)

Vinaigrette

* 2 c. à soupe de vinaigre de riz
* 2 c. à soupe de tamari
* 60 ml (¼ tasse) d'huile de son de riz
* 1 morceau de gingembre de 4 cm (1 ½ po), pelé et râpé finement

Préparation

Remplir la partie inférieure d'une marmite à vapeur d'eau froide et porter à ébullition. Ajouter les nouilles et les edamames, puis ramener à ébullition. Déposer le brocoli dans le panier (partie supérieure) de la marmite. Placer dans le récipient inférieur, couvrir et cuire à la vapeur de 3 à 5 minutes ou jusqu'à ce que les nouilles et les légumes soient tendres. Égoutter et rincer les nouilles et les edamames à l'eau froide. Égoutter de nouveau et déposer dans un grand bol. Ajouter le brocoli et laisser refroidir.

Mettre tous les ingrédients de la vinaigrette dans un bocal muni d'un couvercle. Fermer avec soin et secouer vigoureusement. Verser sur la salade et remuer délicatement.

Mélanger la salade avec les poivrons et les champignons. Servir dans des bols et garnir de pousses fraîches.

Capsule santé

L'edamame est une fève de soya fraîche de couleur verte. Il s'agit d'une bonne source d'acides aminés essentiels très précieux pour les végétariens. Il est aussi bien pourvu en vitamine K, folate, manganèse et fibres. Ses isoflavones atténueraient les symptômes de la ménopause grâce à leur faculté d'imiter l'œstrogène.

Salade tofu-miso

Par portion : 204 calories
Lipides : 11,5 g • Gras saturés : 1,3 g • Protéines : 12,8 g • Glucides : 14,5 g • Fibres : 4,6 g

Concoctez cette salade santé qui met en vedette de belles asperges fraîches avec des mange-tout et des germes de haricot bien croquants.

4 portions

* 400 g (14 oz) de tofu ferme, égoutté et coupé en tranches de 1,25 cm (½ po) d'épaisseur
* 1 c. à soupe de graines de sésame
* 70 g (1 tasse) de pois mange-tout, en lanières fines
* 75 g (1 tasse) de germes de haricot
* 8 pointes d'asperge, parées et coupées finement sur la longueur
* 1 courgette, en petits bâtonnets
* 1 laitue Boston (séparer les feuilles et les couper en tranches longues)
* 10 g (½ tasse) de coriandre fraîche, hachée grossièrement
* 60 g (3 tasses) de pousses de luzerne ou de radis (ou autres pousses fraîches)

Vinaigrette

* 3 c. à soupe de vinaigre de riz
* 2 c. à soupe de sauce soya
* 3 c. à soupe d'huile de tournesol
* 1 c. à soupe de miso blanc doux
* 2 gousses d'ail, hachées finement

Préparation

Vinaigrette : mettre le vinaigre et la sauce soya dans un bocal muni d'un couvercle. Ajouter l'huile de tournesol, le miso et l'ail. Fermer avec soin et secouer vigoureusement.

Préchauffer le gril du four à température élevée et tapisser une lèchefrite de papier d'aluminium. Déposer le tofu en une seule couche et quadriller les tranches à l'aide d'un couteau. Saupoudrer de graines de sésame. Arroser de la moitié de la vinaigrette et faire griller au four de 8 à 10 minutes en retournant à mi-cuisson.

Disposer les légumes et la laitue dans une assiette. Verser le reste de la vinaigrette et remuer délicatement. Garnir de coriandre et de pousses fraîches. Couvrir de tofu chaud et arroser des jus de cuisson. Servir immédiatement.

Salade de quinoa oranges-fenouil

Par portion : 388 calories
Lipides : 8,3 g • Gras saturés : 1,9 g • Protéines : 10 g • Glucides : 54 g • Fibres : 8,4 g

Le fenouil a des propriétés diurétiques et digestives
en plus d'être riche en folate et en bêtacarotène.

4 portions

* 875 ml (3 ½ tasses) de bouillon de légumes
* 255 g (1 ⅓ tasse) de quinoa, rincé et égoutté
* 3 oranges
* 1 bulbe de fenouil, coupé en tranches fines à l'aide d'une mandoline (déchiqueter et réserver les fanes)
* 2 oignons verts, hachés finement
* 15 g (¼ tasse) de persil plat frais, haché grossièrement

Vinaigrette

* Le jus de ½ citron
* 3 c. à soupe d'huile d'olive
* Poivre

Préparation

Dans une casserole, porter le bouillon à ébullition. Ajouter le quinoa et laisser mijoter de 10 à 12 minutes ou jusqu'à ce que les germes se séparent des grains. Égoutter le quinoa et laisser refroidir dans un grand bol.

Râper le zeste de 2 oranges et déposer dans un bocal muni d'un couvercle. Couper une tranche sur le dessus et le dessous des 3 oranges. Ôter la pelure en la coupant en bandes verticales, puis la jeter. Couper entre les membranes pour retirer les segments, puis presser le jus des membranes dans le bocal contenant le zeste.

Mélanger le quinoa avec les segments d'orange, les tranches de fenouil, les oignons verts et le persil.

Vinaigrette : verser le jus de citron et l'huile d'olive dans le bocal contenant le zeste. Poivrer au goût. Fermer avec soin et secouer vigoureusement. Verser sur la salade et remuer. Garnir de fanes de fenouil et servir.

Capsule santé

Le quinoa renferme les huit acides aminés essentiels. Il est exempt de cholestérol et riche en fibres. Sa teneur en glucides est moins élevée que celle des autres céréales. Il constitue une excellente base pour les salades.

Taboulé d'avoine

Par portion : 348 calories

Lipides : 18,2 g • Gras saturés : 3,2 g • Protéines : 10,2 g • Glucides : 37 g • Fibres : 7,4 g

Procurez-vous de l'avoine décortiquée dans les magasins d'alimentation naturelle. Elle permet de faire des salades santé riches en glucides de digestion lente et en fibres.

4 portions

* 1,2 litre (5 tasses) de bouillon de légumes
* 165 g (1 tasse) d'avoine décortiquée
* 4 oignons verts, parés
* 16 pointes d'asperge, parées
* 1 courgette, coupée en tranches
* 40 g (½ tasse) de menthe fraîche, hachée grossièrement

Vinaigrette

* Le zeste râpé et le jus de 1 citron bio
* 1 c. à soupe d'huile de chanvre
* 3 c. à soupe d'huile d'olive
* 1 c. à café de graines de cumin, broyées finement
* 1 c. à café de graines de coriandre, broyées finement
* Poivre

Préparation

Verser le bouillon dans une casserole et porter à ébullition. Ajouter l'avoine et laisser mijoter 25 minutes (ou selon les indications inscrites sur l'emballage), jusqu'à ce que ses grains soient tendres et fendus. Égoutter l'avoine et jeter le bouillon. Laisser refroidir dans un grand bol.

Mettre tous les ingrédients de la vinaigrette dans un bocal muni d'un couvercle. Fermer avec soin et secouer vigoureusement.

Chauffer une poêle à fond cannelé à feu vif. Déposer les oignons verts, les asperges et la courgette dans un bol. Ajouter la moitié de la vinaigrette et remuer. Cuire de 2 à 3 minutes en les retournant de temps à autre jusqu'à ce qu'ils soient tendres et légèrement noircis. Laisser refroidir. Couper en bouchées sur une planche à découper propre.

Arroser l'avoine du reste de la vinaigrette et remuer. Ajouter les légumes refroidis et la menthe. Remuer délicatement et servir dans des bols peu profonds.

Capsule santé

En médecine traditionnelle, on utilise l'asperge pour ses vertus toniques et sédatives. On connaît ses propriétés antioxydantes dues à sa teneur en bêtacarotènes et en vitamines B, C et E. Elle est déconseillée aux personnes atteintes de la goutte, car c'est l'un des rares légumes qui renferme une quantité élevée de purines.

Salade d'orge aux gourganes

Par portion : 265 calories
Lipides : 15,7 g • Gras saturés : 3,3 g • Protéines : 7 g • Glucides : 22,7 g • Fibres : 5,9 g

Ce plat riche en fibres solubles a un indice glycémique peu élevé.

4 portions

* 1,2 litre (5 tasses) de bouillon de légumes
* 160 g (¾ tasse) d'orge perlé
* 115 g (1 tasse) de gourganes
* 150 g (1 tasse) de petits pois
* 2 oignons verts, en petits tronçons
* 2 brins d'estragon frais, hachés
* 30 g (½ tasse) de persil plat frais, haché finement
* 15 g (⅓ tasse) de pousses de petits pois

Vinaigrette

* 2 c. à soupe d'huile de lin
* 2 c. à soupe d'huile de son de riz
* 1 c. à soupe de vinaigre de vin blanc
* 1 c. à café de moutarde de Dijon
* 1 c. à café de graines de coriandre, broyées grossièrement
* ¼ c. à café de flocons de piment
* Poivre

Préparation

Verser le bouillon dans la partie inférieure d'une marmite à vapeur et porter à ébullition. Ajouter l'orge, couvrir et laisser mijoter 20 minutes. Déposer les gourganes dans le panier (partie supérieure) de la marmite. Placer dans le récipient inférieur, couvrir et cuire à la vapeur de 5 à 10 minutes ou jusqu'à ce que l'orge et les gourganes soient tendres.

Égoutter l'orge et jeter le bouillon. Déposer l'orge dans un grand bol. Ajouter le tiers des gourganes et des petits pois crus. Au robot culinaire, hacher finement le reste des gourganes et des petits pois avec les oignons verts, l'estragon et le persil. Verser dans le bol d'orge.

Mettre tous les ingrédients de la vinaigrette dans un bocal muni d'un couvercle. Fermer avec soin et secouer vigoureusement. Verser sur la salade et remuer délicatement. Servir dans des bols et garnir de pousses de petits pois.

Capsule santé

Le mot protéine vient du grec *prôtos*, qui signifie « premier, essentiel ». Les protéines sont des éléments constitutifs indispensables à pratiquement toutes les cellules de notre corps. Elles sont nécessaires au développement et à la réparation des tissus ainsi qu'à la fabrication des enzymes et des hormones. Elles jouent un important rôle de neurotransmetteurs. Contrairement à celles de la viande, la plupart des protéines végétales ne contiennent pas les huit acides aminés essentiels. Pour avoir des protéines complètes, il est donc recommandé de servir des céréales et des légumineuses au cours d'un même repas.

Salade de lentilles et de légumes grillés

Par portion : 464 calories

Lipides : 21,8 g • Gras saturés : 2,4 g • Protéines : 17,8 g • Glucides : 50 g • Fibres : 17 g

Les lentilles et les céréales entières sont riches en glucides de digestion lente, protéines, vitamines et minéraux. Elles ne requièrent pas de trempage contrairement aux autres légumineuses.

4 portions

* 2 petits poivrons rouges, coupés en quartiers et épépinés
* 2 courgettes, en rondelles
* 2 oignons rouges, en cubes
* 4 tomates, coupées en deux
* 3 petites aubergines, coupées en deux sur la longueur
* 3 brins de thym frais, effeuillés
* 2 gousses d'ail, hachées
* 3 c. à soupe d'huile d'olive
* 200 g (1 tasse) de lentilles du Puy ou de lentilles brunes
* 30 g (½ tasse) de persil plat frais, haché finement
* Poivre

Vinaigrette

* 3 c. à soupe d'huile de chanvre
* 2 c. à soupe de vinaigre balsamique
* Le jus de 1 citron

Préparation

Préchauffer le four à 200 °C (400 °F). Déposer les poivrons dans un plat à rôtir, face coupée vers le fond. Déposer les courgettes, les oignons, les tomates et les aubergines en une seule couche.

Parsemer de thym et d'ail. Poivrer légèrement et arroser d'huile d'olive. Faire griller au four 30 minutes ou jusqu'à ce que les légumes soient tendres et que leur pourtour soit doré.

Déposer les lentilles dans une casserole d'eau bouillante. Ramener à ébullition et laisser mijoter 20 minutes ou jusqu'à ce qu'elles soient tendres. Égoutter et rincer à l'eau froide. Égoutter de nouveau et laisser refroidir dans un grand bol.

Vinaigrette : déposer tous les ingrédients et un peu de poivre dans un bocal muni d'un couvercle. Fermer avec soin et secouer vigoureusement.

Verser la vinaigrette sur les lentilles et remuer délicatement. Peler les poivrons, couper la chair en lanières et les déposer sur la salade. Ajouter le reste des légumes grillés et les jus de cuisson. Garnir de persil et servir.

Capsule santé

Pour bien détoxifier l'organisme, il faut éviter le sel ou en utiliser moins. Une trop grande consommation peut contribuer à l'apparition de l'hypertension artérielle, laquelle peut mener à des problèmes de cœur ou de reins, voire à un accident vasculaire cérébral. On ne devrait consommer que 5 g de sel par jour, soit environ 1 c. à café. Plusieurs aliments traités en contiennent une quantité effarante. Ne mettez pas de salière sur la table et diminuez progressivement la quantité utilisée pour cuisiner. Remplacez-le par des épices, des herbes, de l'ail ou du vinaigre.

Salade gaspacho

Par portion : 140 calories
Lipides : 10,6 g • Gras saturés : 1,3 g • Protéines : 2,2 g • Glucides : 10 g • Fibres : 2,5 g

Les saveurs de cette fameuse soupe froide espagnole sont réunies
dans cette salade rehaussée d'une vinaigrette aux tomates séchées.

4 portions

* 4 tomates, épépinées et coupées en dés
* 40 g (⅓ tasse) de concombre, épépiné et coupé en tranches épaisses sur la longueur
* 1 branche de céleri, en dés
* 1 oignon vert, haché finement
* ½ poivron jaune, en dés
* Un peu de basilic frais

Vinaigrette

* 60 g (½ tasse) de tomates séchées conservées dans l'huile, égouttées
* 2 c. à soupe d'huile d'olive
* 1 c. à soupe d'huile de chanvre
* 2 c. à soupe de vinaigre de vin rouge
* 1 gousse d'ail, hachée finement
* 1 pincée de flocons de piment
* Poivre

Préparation

Dans un grand bol, déposer les tomates, le concombre, le céleri et l'oignon vert. Ajouter le poivron et remuer délicatement.

Vinaigrette : au mélangeur, réduire tous les ingrédients en purée épaisse.

Verser la vinaigrette sur la salade et remuer délicatement. Garnir de basilic et servir.

Température	Thermostat
150-160 °C	5
180-190 °C	6
200-210 °C	7

SUBSTITUTIONS

QUÉBEC	EUROPE
Arachide	Cacahuète
Bleuet	Myrtille
Calmar	Encornet
Canneberge	*Cranberry*
Cheddar	Emmental ou gruyère
Citrouille	Potiron
Crème sure	Crème aigre (crème fraîche avec un filet de vinaigre)
Gourgane	Fève des marais
Gruau	Porridge
Laitue Boston	Laitue beurre
Lime	Citron vert
Melon d'eau	Pastèque
Pâte de tomates	Double concentré de tomates
Pellicule de plastique	Film alimentaire étirable
Pétoncle	Noix de coquille Saint-Jacques
Pois mange-tout	Pois gourmand
Poitrine de poulet	Blanc de volaille
Sauce soya	Sauce soja
Trempette	*Dip*
Yogourt	Yaourt